REGINA
LAUDAGE-KLEEBERG

OBDACHLOS KATHOLISCH

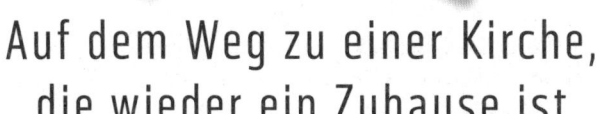

Auf dem Weg zu einer Kirche,
die wieder ein Zuhause ist

Sollte diese Publikation Links auf Webseiten Dritter enthalten, so übernehmen wir für deren Inhalte keine Haftung, da wir uns diese nicht zu eigen machen, sondern lediglich auf deren Stand zum Zeitpunkt der Erstveröffentlichung verweisen.

Aus Gründen der leichteren Lesbarkeit konnte eine gendergerechte Schreibweise nicht durchgängig eingehalten werden. Bei der Verwendung entsprechender geschlechtsspezifischer Begriffe sind im Sinne der Gleichbehandlung jedoch ausdrücklich alle Geschlechter angesprochen.

Die Bibelstellen sind zitiert aus der Gute Nachricht Bibel, durchgesehene Neuausgabe, © 2018 Deutsche Bibelgesellschaft, Stuttgart.

Penguin Random House Verlagsgruppe FSC® N001967

2. Auflage 2023
Copyright © 2023 Kösel-Verlag, München,
in der Penguin Random House Verlagsgruppe GmbH,
Neumarkter Str. 28, 81673 München
Umschlag: zero-media.net, München
Schlüsselmotiv Umschlag und Inhalt: FinePic®, München
Satz: Satzwerk Huber, Germering
Druck und Bindung: CPI books GmbH, Leck
Printed in Germany
ISBN 978-3-466-37295-9
www.koesel.de

INHALT

OBDACHLOS KATHOLISCH
Über das Verlieren des katholischen Zuhauses 9

ANDOCKEN WOLLEN
Über die Sehnsucht, dazuzugehören 19

KÖLNER MYSTIK
Über die Faszination des Katholischen 29

BEICHTEN
Über Schuld, Schweigen und Auferstehen 38

MUSLIMA WERDEN?
Über den Zufall der eigenen Religion 47

FLASHMOBS
Über Musik und Begeisterung 61

ANGST
Über die hässlichste Fratze der Kirche 69

JEMAND SEIN
Über den Inner Circle in Kirchengemeinden 75

PARADOXIE
Über das hauptberufliche Arbeiten in der Kirche 85

OSTERN
Über Tod und Auferweckung 99

ALLERGIE
Über das katholische Bullshit-Bingo 105

GOTT HÖREN
Über einen Ort, an dem Kirchenpolitik keine Rolle spielt 113

SPIRITUALITÄT DER KRITIK
Über eine urchristliche Erkenntnis 119

SPIELEN
Über Gottesdienste mit Kindern 129

BOXEN
Über die Leichtigkeit der Vielfalt 139

RESILIENZ
Über die Erschöpfung der Starken 145

TREPPEN STEIGEN
Über Kirche im eigenen Haus 155

ZUHÖREN
Über Seelsorge in sozialen Medien 161

»WARUM ICH?«
Über das Leid 169

ENTSCHEIDEN
Über den Mut, den eigenen Prinzipien treu zu sein 177

BERÜHRUNGSÄNGSTE
Über radikale Freiheit 185

UNTERWEGS SEIN
Über eine neue katholische Heimat 195

DANKE 201

OBDACHLOS KATHOLISCH

Über das Verlieren des katholischen Zuhauses

Wenn ich sonntagmorgens auf dem Spielplatz sitze, mit einem Mettbrötchen neben mir auf der Bank, einem Cappuccino in der Hand, den Kindern auf dem Klettergerüst bei ihren mutigen Kunststücken zusehe, dann höre ich in der Kirche nebenan die Glocken läuten. Mein Leben lang hat mich dieses Läuten gerufen: Auf freundliche, liebevolle Weise erinnert meine Glaubensgemeinschaft lautstark daran, dass es Zeit wird – für mich und Gott. Zusammenzukommen, still zu werden, dankbar zu sein.

Und obwohl der Impuls in mir immer noch da ist, stehe ich sonntagmorgens von der Spielplatzbank nicht auf. Ich gehe nicht in die Zehnuhrdreißig-Messe, nicht in die um elf und auch nicht in die um achtzehn Uhr.

Wie ist es so weit gekommen? Dass ich kaum noch in Gottesdienste gehe? Dass ich den geliebten Beruf in der Kirche gekündigt habe? Und das tolle Engagement als katholische Radiosprecherin auch?

Mein katholisches Obdachloswerden war und ist ein schleichender Prozess. Es ist nicht plötzlich passiert: Wohnung weg. Und zack!

Vielmehr habe ich lange versucht, immer wieder in dieses kirchliche Zuhause einzukehren bzw. zurückzukehren. Manche Jahre ist mir das sehr gut gelungen, das Zuhause fühlte sich eine Weile für mich persönlich sogar sehr stabil an. In anderen Jahren habe ich gekämpft um mein Zuhause, habe bei den anderen Bewohner:innen angeklopft, wollte reden über das, was sich verändern muss. Und trotzdem habe ich immer öfter erlebt, dass sich das Zuhause zwar gewohnt anfühlt, aber nicht richtig. Auf diesem Weg ist in mir eine tiefe Ambivalenz entstanden: Die Sehnsucht nach dem Aufgehobensein traf auf die Wut über die misslungene Aufnahme.

Warum das so schlimm ist? Katholisch zu sein – das gehört zu meiner Person. Ich kann es nicht einfach abstreifen wie ein zu klein gewordenes Kleidungsstück. Ich kann nicht davor weglaufen. Wenn es um das Katholische geht, um meine Religion, dann ist bei mir alles automatisch existenziell, tief biografisch verwoben, und nicht im Geringsten einfach. Denn meine Religion, und zwar in der römisch-katholischen Prägung, greift tief und täglich in mein Leben hinein.

Um mich herum erlebe ich Menschen, die innig dafür werben, hitzig darum streiten, dass sich die katholische Kirche verändern muss. Wenn ich davon ausgehen darf, dass das Katholischsein auch für andere eine existenzielle Bedeutung hat, dann geht es im Streit um Reform und Weiterentwicklung um nichts weniger als um das eigene Leben.

Umso logischer erscheint es mir, dass auch Ausgetretene noch wütend über das Gebaren der offiziellen Kirche sind. Es scheint, als ob die Menschen in tiefer Ambivalenz mit ihrer Kirche leben: Entweder fragen sie sich als Kirchenmitglieder, ob und wie lange sie wirklich noch »zu diesem Laden« gehören wollen. Oder sie fragen sich nach dem Austritt, wo sie mit ihren Sehnsüchten, Spiritualitäten und Sorgen ein (neues, vorübergehendes oder wechselndes) Zuhause finden können.

Diese Ambivalenz ist eines der zentralen Prägemale des obdachlosen Katholischseins.

Schon seit meiner Kindheit ist Katholischsein ein Dilemma: Ich will dazugehören, aber will ich »da« wirklich dazugehören? Mein Katholischsein ist geprägt von einer Fülle von tiefen spirituellen Erfahrungen des Aufgefangenseins, von Heilung und Ermutigung. Und es ist geprägt von einer Fülle von Widersprüchen, Wut und Enttäuschung über das Handeln der institutionellen Kirche.

Durch das Zusammenleben mit einem katholischen Theologen habe ich manches am Küchentisch über Theologie gelernt, anderes auf dem Sofa erzählt bekommen. Was ich dabei verstanden habe, ist Folgendes: Ich habe ein überzeugtes katholisch-theologisches Menschenbild, das den Menschen groß, unbedingt geliebt und von Gott angenommen denkt, egal was er leistet oder wie viel er falsch macht. Dieser Mensch ist von Gott mit Freiheit beschenkt und hat die Verantwortung, mit dieser Freiheit umzugehen.

Und während ich anderen dieses Menschenbild predige, zusage und versuche, danach zu leben, gibt die römisch-katholische Kirche in ihrer offiziellen Gestalt ein immer menschenfremderes, oft auch menschenverachtendes Bild ab. Die offizielle Kirche drängt mich und viele andere aus sich heraus – fahrlässig, so scheint mir. Auf das eigene Recht, die eigene Wahrheit bedacht, werden Menschen gedemütigt, abgeschreckt und verprellt.

Was ich seit Jahren merke: Ich bin nicht mehr bereit, die TOP 3 der katholischen Menschenverachtung zu akzeptieren:

- Die sexualisierte Gewalt, ihre Ermöglichung, Relativierung und Vertuschung.
- Den strukturellen Sexismus, also die Ungleichstellung von Frauen und non-binären Menschen beim Zugang zu Ämtern und damit verbundenen Führungsaufgaben.
- Die systematische Abwertung von queeren Menschen, ihren Beziehungen, ihrer Sexualität.

Der naive Aufruf von konservativen Katholik:innen, Menschen wie ich sollten doch einfach evangelisch werden oder austreten, wenn uns die Lehre nicht passt, lässt mich als Religionswissenschaftlerin kalt.

Eine Religionszugehörigkeit ist nicht einfach zu verändern – daran hängt so viel Biografie, so viel eigene Geschichte. Das alles wird auch nicht mit einem Austritt oder einer Konversion einfach abgewaschen.

Als ich vor Jahren für ein Jüdisches Museum eine Ausstellung über Religionswechsel kuratiert habe, sagte ein Mann es sehr einfach: »Ich bin im Kopf evangelisch, im Bauch katholisch.« Er war nach vielen Jahren der Auseinandersetzung aus der katholischen Kirche ausgetreten und in die evangelische Kirche eingetreten.

Aber wie geht Katholischsein heute, wenn es mit den TOP 3 trotz einzelner Lichtmomente nicht umfassend besser wird? Was bleibt vom eigenen Katholischsein übrig, und wie bleibt man katholisch? Ob nun als steuerzahlendes Mitglied, als ausgetretene:r Getaufte:r oder als konvertierter Mensch?

Sicherlich ist die Antwort so vielschichtig wie die Menschen, die sie geben.

Die einen werden sagen: »Ich bin nicht mehr katholisch«, wenn sie austreten.

Die anderen werden sagen: »Mit dem Laden hatte ich nie etwas zu tun, das alles bedeutet mir nichts.«

Andere bleiben, gehen aber nicht mehr hin.

Wieder andere bleiben und tolerieren, was geschieht.

Dann gibt es noch welche, die in einer Nische des Katholischen weiter wirken und glauben können, und welche, die in einer inneren Emigration leben.

All diese Ausdrucksformen haben ihre Berechtigung und Begründung.

Ich selbst suche noch nach dem richtigen Modus, den richtigen Worten für mein Katholischsein. Manchmal sage ich ganz überzeugt: »Ich bin getauft und gehöre zum Volk Gottes, zur Gemeinschaft der Gläubigen. Das kann mir eine weltliche Instanz auch nicht nehmen, egal was das Steuer- und Kirchenrecht dazu sagen.« Mein Katholischsein fühlt sich dann sehr frei und unabhängig an. In anderen Zeiten fühle ich mich einfach abgeschlagen, enttäuscht und wütend, weil es so schwer ist, zur katholischen Kirche zu gehören.

Zu meinem Katholischsein gehört deshalb momentan ein Gefühl der Verlorenheit, der Obdachlosigkeit. Als Kind, Jugendliche und junge Erwachsene fühlte ich mich einfach auf Reisen, wenn es um das Ausleben meiner Spiritualität ging. Der Grund ist einfach: Früher habe ich mich wenig für die Kirchenpolitik interessiert, meine Gottesbeziehung war erstaunlich stabil, ohne dass sich damit ein fester Ort verbunden hat. Gottesdienste habe ich dort besucht, wo mir der Predigtstil gefallen hat. Gebetet habe ich mit denen, die mir ähnlich gewesen sind. Katholischsein hat damals Gottesdienstbesuch, Seelsorge und Gemeinschaft auf Zeit bedeutet.

Alle Ausgrenzungs- und Entmutigungserfahrungen habe ich integrieren können, solange die guten Erfahrungen und die biografischen Reifungsprozesse, die ich im kirchlichen Rahmen erlebt habe, überwogen haben.

Diese Waage ist langsam, unauffällig gekippt.

Das Gefühl, eine freie Reisende zu sein, ist dem Gefühl gewichen, im Katholischen kein Obdach mehr zu finden. Ohne festen Wohnsitz zu sein, ohne den Safe Space, an den ich jederzeit zurückkehren kann, ohne ein eigenes Bett, ohne Adresse. Es hat zuvor kein Auszug mit einem Möbelunternehmen stattgefunden, es gibt kein Datum, an dem ich obdachlos wurde.

Das Obdachlossein fällt mir im Alltag nur wenig auf: Die meiste Zeit fühle ich mich unter freiem Himmel frei und zufrieden. Ich trage meine katholischen Habseligkeiten immer bei mir. Wer mich nach meinem Glauben fragt, bekommt eine hoffnungsvolle Antwort.

Aber es gibt auch die Phasen, in denen es sich anfühlt, als ob ich in der Fußgängerzone auf dem Boden sitze, und keinen interessiert's – Phasen, in denen ich nicht die Kraft habe, meine sieben Sachen selbst zu tragen. Phasen, in denen ich mich warm und sicher verkriechen möchte. Das sind die Phasen, in denen ich wütend über das institutionelle Versagen bin, über die Langsamkeit bei den Reformen, über die Beharrungskräfte und über das Verächtlichmachen der christlichen Botschaft – alles zugunsten einer vermeintlichen Wahrheit, die nichts dazulernen will.

Die römisch-katholische Kirche ist Heimat, aber kein Zuhause mehr. Dabei hätte sie alles Potenzial dazu, Menschen ein passendes Zuhause anzubieten. Sie bräuchte nur im Sinne des Evangeliums handeln: radikal menschenfreundlich.

So einfach lässt sich das existenzielle Dilemma zusammenfassen, in dem ich mich gemeinsam mit vielen Menschen befinde.

Ich wünsche mir – ganz plakativ gesprochen –, dass ich als Gläubige nach Hause kommen, die Tür aufschließen, »Hallo« rufen, den Rucksack in die Ecke schmeißen, und erst mal die Beine hochlegen könnte. Wie in einem Zuhause würde ich natürlich auch vieles andere tun: Essen, Gastgeben, Schlafen, Putzen, Streiten, Lachen, Arbeiten …

Sie wissen selbst am besten, was Sie mit Ihrem Zuhause verbinden.

Weil ich inzwischen weiß, dass die offizielle Kirche nicht in der Lage dazu ist, dieses Zuhause auf die Schnelle zu werden, bin ich unterwegs. Ich glaube, dass mein Katholischsein ein neues kirchliches Zuhause braucht – eines, das ich aufbauen muss, eines, in dem auch andere zu Hause sein könnten.

In diesem Buch möchte ich Ihnen von diesem Weg erzählen, von den Höhepunkten und Tiefpunkten mit dem Katholischsein, von Erfahrungen, die anziehend und abstoßend sind, von Gewichten, die auf die eine oder andere Seite einzahlen. Es ist mein Weg, aber ich vermute, Sie sind mir an der ein oder anderen Stelle begegnet, weil Sie ähnliche Erfahrungen gemacht haben und machen.

Zwischen den Kapiteln finden Sie kurze Momentaufnahmen von Begegnungen auf der Straße. Die Menschen an Bahnhöfen und in Fußgängerzonen haben mich viel gelehrt: über Stolz und Würde, über Sicherheit und Privilegien, über Humor und Kreativität inmitten einer existenziellen Herausforderung. Ihnen ist dieses Buch gewidmet, ihren kleinsten und kleinen Erzählungen mache ich bewusst Platz, weil sie viel mehr Aufmerksamkeit verdienen, als sie in unserer Gesellschaft und in der Kirche bekommen. Es sind die Marginalen und Marginalisierten, die, zu denen Jesus sich hinwenden würde, wäre er in heutigen Großstädten unterwegs.

Ein Mensch wird Ihnen im Laufe des Buches öfter begegnen: Klaus, der mir am Bahnhof immer wieder etwas von sich erzählt hat, den ich sehr ins Herz geschlossen habe und von dem ich zugleich weiß, dass sein Leben natürlich aus viel mehr besteht, als aus den Erfahrungen, die er beim Betteln, in seiner kurzen Zeit als Wohnungsloser oder anderweitig gemacht hat. Ich habe in den vergangenen Jahren außer ihm häufig obdachlose und bettelnde Menschen kennengelernt. Manche haben über Monate meinen Weg gekreuzt, einzelne über Jahre.

Echte Armut und Obdachlosigkeit beinhalten Lebenserfahrungen, die tief schürfen – und ich bin sehr dankbar dafür, dass ich das Phänomen »obdachlos-katholisch« als Metapher nutzen darf, während ich jeden Tag in ein sicheres, warmes Zuhause zurückkehre. Das Bild des »obdachlosen Katholischseins« darf niemals relativieren, dass tatsächliche Obdachlosigkeit immer von Gefahr für Körper und Seele, tiefen biografischen Einschnitten und sehr oft von Gewalt begleitet ist.

Eine Bitte an Sie als Lesende: Dieser Text soll kein weiterer Stein in der hohen Mauer von klugen Debattenbüchern zur Kirchenkrise sein. Diese Bücher sind wertvoll und werden (und wurden) von anderen Menschen geschrieben. Was ich mich in den letzten Jahren immer gefragt habe, ist: Wohin mit den Gefühlen der Menschen, die diese Krise ihrer Kirche erleben? Wo wird davon erzählt, wie Menschen den schleichenden Frustrationsprozess persönlich erleben, der manche zum Austritt, andere zur inneren Emigration treibt?

Über diesen persönlichen Prozess, über das katholisch Obdachloswerden habe ich geschrieben – und ich vermute, dass Sie beim Lesen manchmal »Ja, genau!« rufen werden und manchmal den Kopf schütteln. Wahrscheinlich unterscheiden sich Ihre Gefühle von meinen. Nehmen Sie das, was Sie hier lesen, als Projektionsfläche für das Eigene. Wie geht es Ihnen mit Ihrem Katholischsein? Wie geht es Ihnen mit der Kirche?

Und eine Bitte an die mitlesenden Theolog:innen: Ich bin nicht vom Fach, ich habe hier kein Fachbuch geschrieben und will mich auch nicht mit der Fachlichkeit von Theolog:innen messen – ich erzähle, weil ich glaube.

Und falls Sie interessiert, warum die Bibeltexte, die vorkommen, so besonders ermutigend sind: Ich nutze die Bibel in der »Guten Nachricht«-Übersetzung, meiner absoluten Lieblingsfassung, die viele Bibelstellen in besonders menschenfreundliches, poetisches Licht setzt.

Auf der Straße »Nee, danke, wir sind katholisch«, habe ich vor vielen Jahren im Vorbeieilen zu einem Mann gesagt, der mir eine Zeitschrift unter die Nase gehalten hat. Ich habe mir weder gemerkt, wie er aussah, noch darauf geachtet, was er konkret sagte. Über den Spruch haben meine Freundinnen und ich damals gekichert, eine Gruppe 15-Jähriger auf dem Weg zu einem Theaterfestival – mit einem Gefühl von Wichtigkeit, weil wir den Job als jugendliche Theaterkritikerinnen unglaublich cool fanden.

Das Einzige, was ich noch weiß: Der Mann guckte sehr überrascht. Und als ich mich im Weitergehen noch mal umdrehte, sah ich auch, warum: Er hatte nicht den »Wachturm« der Zeug:innen Jehovas in der Hand, wie ich gedacht hatte. Er hatte den »Straßenkreuzer« in der Hand, das Magazin, das arme und obdachlose Menschen in der Stadt verteilen, um sich etwas Geld zu verdienen.

ANDOCKEN WOLLEN

Über die Sehnsucht, dazuzugehören

1998. Ich bin 12 Jahre alt. Mein Alltag ist gräulich in dieser Zeit. Pubertät, das Fremdsein in mir und einer fremden Region. Wir wohnen seit Kurzem in Franken – und gelten als »Zugezogene«. Das Fränkische begrüßt uns nicht mit seiner vielgerühmten Gemütlichkeit, sondern mit seiner eigenbrötlerischen Skepsis. Wir Kinder stecken alle im Übergang vom Spiel zum Ernst, die Eltern sind mit ihren eigenen Übergängen beschäftigt, das Umfeld wirkt geschlossen – ohne Einladung.

Im protestantisch geprägten Kontext sind wir nicht nur die geografischen »Preußen«, die merkwürdig sprechen, sondern gehören auch zur katholischen Minderheit. Im Religionsunterricht erlebe ich ein kleines Aufblitzen von Offenheit, einen humorvollen Lehrer und ein Mädchen aus einer anderen Klasse, das tatsächlich in meiner Straße wohnt, also erreichbar für eine Freundschaft, wie ich damals vermute. Es erzählt von der Jugendgruppe der Kirchengemeinde. Ich fasse Mut, fahre hin, sehe mir im Schaukasten die Zeiten der Gruppenstunde an, und stehe bei nächster Gelegenheit im Pfarrheim.

Womit ich in meiner Fantasie vorab absolut nicht rechne, ist Ablehnung.

Denn meine eigenen – katholischen – Kindheitserfahrungen im Rheinland sind durchweg positiv: Die Kirchengemeinde kenne ich dort als Ort für Groß und Klein, in der katholischen Bücherei eine

Fülle von Antworten auf kindliche Sehnsüchte, im Gottesdienst eine offene Atmosphäre, sodass ich ihn nach der Erstkommunion in der Regel sogar allein besucht habe, das jährliche Zeltlager ein einziges Abenteuer.

In Franken ist Katholischsein anders. Merke ich später.

An dem Nachmittag merke ich aber vor allem eins: Pubertät heißt Konkurrenz. Das nette Mädchen aus dem Religionskurs will mich nicht dabeihaben und macht mir mit wenigen Worten deutlich, dass mein Besuch in der Gruppenstunde nicht willkommen ist. Niemand geht mir nach, als ich das Gelände der Kirche wieder verlasse.

Ich stelle mir das, wenn ich es mit der Lebenserfahrung von heute betrachte, sonderbar vor. Scheinbar gab es keine aufmerksame Gruppenleitung? Ein Kind, das ein anderes einfach hinausschickt? Und niemand reagiert darauf? Aber möglich ist es natürlich – denn auch die liebevolle, aufmerksame Jugendpastoral, die ich in einer anderen Rolle als Erwachsene kennengelernt habe, konnte nicht verhindern, dass Kinder und Jugendliche zueinander sehr gemein sein können.

Einige Monate später sind Osterferien, ich mache wieder einen Versuch. Wieder fahre ich zum Schaukasten an der kleinen Kirche, schaue nach dem nächstbesten Gottesdienst und finde einen für den Tag darauf: Freitag, 15 Uhr. Ich habe zu diesem Zeitpunkt keine Ahnung von Liturgie. Es steht »Feier vom Leiden und Sterben Christi« neben der Uhrzeit, ich denke: »Passt schon, bestimmt dauert das nicht so lange wie eine normale Messe.«

Kaum angekommen bin ich ganz verwundert, dass alle schwarz gekleidet und mucksmäuschenstill sind. Die Abläufe sind anders als an Sonntagen, fast die ganze Zeit knien alle. Und dann kommt etwas Besonderes, etwas wahnsinnig Langes: die großen Fürbitten, wie ich heute weiß.

Der Inhalt stimmt für mich nicht. Meine Knie tun weh. Ich verlasse die Kirche. Die stille Gemeinschaft betet weiter.

Von heute aus betrachtet sind das zwei Momentaufnahmen, bei denen etwas nicht geklappt hat. Bei denen ein System nicht zu dem anderen passte, bei denen das große »Willkommen an alle«, das über dem Glauben meiner Kindheit wie eine Überschrift prangte, verdeckt geblieben ist.

Die beiden Erinnerungen sind Schemen, vielleicht sogar Trugbilder, aber sie sind noch da. Und ich frage mich, warum sie mir als Erstes in den Sinn kommen, wenn ich an das katholische Franken denke. Denn später, als ich einige Jahre dort gewohnt hatte, habe ich auch andere Erfahrungen gemacht. Mit viel Aufwand bin ich hineingewachsen in diese etwas griesgrämige Welt, in der die zusammenhocken, die das immer schon gemacht haben. Bei Johannisfeuern hatte ich sogar ein wenig das Gefühl, dass das Fränkisch-Katholische genauso gesellig ist wie das Rheinisch-Katholische.

Trotzdem hängt über der Erinnerung an diese Kirchengemeinde das Wort »Ablehnung« – und das, obwohl ich eine Reihe von Versuchen gemacht habe, dort mitzumachen.

Das Ergebnis damals: Die Einladung zur Firmung mit 14 Jahren habe ich ausgeschlagen. Das machte für mich alles keinen Sinn. Warum mich firmen lassen, wenn ich so gar kein Gefühl von Angenommenwerden und erst recht nicht von Zugehörigkeit verspürte?

Umso verwirrender war die Erfahrung, die ich drei Jahre später in Irland gemacht habe. Im Auslandsjahr war das Katholische allgegenwärtig. Vor jeder Unterrichtsstunde wurde gebetet, in einem Affenzahn, sodass ich nach wenigen Tagen den Religionslehrer vorsichtig fragte, was das denn für ein Gebet sei, das mit »Hail Mary« begann. Er hat es mir ausgedruckt: das Ave Maria auf Englisch. Hatte ich noch nie gebetet, kannte ich nicht. Seit dieser Zeit kann ich es allerdings beten: auf Englisch, in circa sechs Sekunden.

Das Ave Maria ist die eine Facette, die ich mit irischer Katholizität verbinde, die andere ist das strukturelle Willkommensein im Gottesdienst. Natürlich waren wir jeden Sonntag in der Kirche, der ansonsten sehr zottelige Gastvater mit Schlips, die Gastmutter im Kostüm, und um uns herum die ganze Stadt. Und obwohl fast alle jeden Sonntag gekommen sind, brauchte sich niemand zu schämen, wenn er den Ablauf nicht draufhatte. Zu jedem Sonntag gab es ein Faltblatt, in dem der komplette Messablauf, alle Gebete, alle Lieder, alle Gesten aufgeschrieben waren. Wer lesen konnte, konnte nichts falsch machen.

Und so saß ich mit 17 Jahren begeistert da, denn ich war in meiner Fremdheit willkommen: Durch dieses Papier, in dem ich unauffällig nachlesen konnte, wie der Gottesdienst hier funktioniert – ohne mich outen zu müssen, dass ich keine Ahnung von der Liturgie hatte. Ich nenne das strukturelles Willkommensein, weil es nicht an der individuellen Aufmerksamkeit einzelner Menschen hängt, sondern weil es Standard gewesen ist. Die Struktur der Kirchengemeinde war auf Messebesucher:innen eingestellt, die den Ablauf nicht kennen. Aus welcher Erfahrung oder mit welcher Begründung das so war, weiß ich nicht. Aber ich vermute: Da hatte jemand etwas von Kundenorientierung, von Gesicht wahren und vom christlichen Glauben verstanden: Wenn Menschen sich nicht schämen müssen, dass sie etwas nicht können, dann fühlen sie sich angenommen. Das ist eine Kurzformel für Christlichkeit, finde ich.

Was daran so unglaublich kostbar ist, weiß ich heute umso genauer: Die Leiterin einer der Jugendkirchen, für die ich einige Jahre Verantwortung getragen habe, hat mal zu mir gesagt:»Regina, wir drucken das Vaterunser auf Postkarten. Das kann heute kaum noch jemand von den Gruppen, die zu uns kommen. Und ich will nicht, dass die Jugendlichen sich dafür schämen müssen!«

Sie hatte so recht, und ihre Haltung müsste der Standard sein.

Denn ehrlich gesagt ist es nicht seltsam, dass Jugendliche den Gottesdienstablauf nicht kennen. Es ist nicht seltsam, wenn Menschen irgendwo dazugehören wollen, ohne dass sie schon die Regeln und Gewohnheiten verstanden haben. Seltsam ist, wenn sich Gemeinden keine Gedanken darüber machen, wie sie auf Neuankömmlinge wirken. Seltsam ist, dass man die eigenen ungeschriebenen Regeln nicht hinterfragt. Seltsam ist, wenn man nie darüber nachdenkt, warum andere wegbleiben.

Gerade die kirchlichen Angebote für Kinder und Jugendliche achten heutzutage unglaublich stark auf Willkommenskultur, und zugleich formen sich hier Cliquen, Freundeskreise, die nach innen Halt in einer unsicheren Lebensphase geben, aber nach außen eher verschlossen wirken. Für diejenigen, die hier (oft ehrenamtlich) Verantwortung übernehmen, ist das eine immense Herausforderung: Den einen den erhofften Halt zu geben und den anderen die Tür offen zu halten.

Es wäre einfach, zu rufen: Dann müssen sie dafür (noch) besser qualifiziert werden. Jugendleiter:innen werden meiner Erfahrung nach überfrachtet mit verpflichtenden Qualifikationsmaßnahmen beziehungsweise, um es etwas freundlicher zu sagen, sie werden exzellent ausgebildet – in wichtigen und weniger wichtigen Themen: in Prävention sexualisierter Gewalt, in Gruppenleitung, in Datenschutz, im Einmaleins der steuerrechtlich korrekten Finanzbuchhaltung und und und. Sie stellen Anträge, füllen Verwendungsnachweise aus, müssen sich rechtfertigen, wie sie das wenige Geld, das ihnen zur Verfügung steht, ausgeben.

Wer schon mal ein Ferienlager organisiert hat, ist oft bestens über Projektfördertöpfe, Sicherheits- und Hygienerichtlinien und Jugendschutz informiert, hat ein Diplom in Heimweh-Trösten und Eltern-Beruhigung und weiß, wie viel man abends trinken darf, um notfalls noch ein Kind ins Krankenhaus fahren zu können. Eine Gruppe zu leiten, ehrenamtlich wohlgemerkt, ist oft eine Wahnsinnschance, Verantwortung zu übernehmen, aber auch von kirchlicher Regelwut und struktureller (Über-)Forderung geprägt. Ehrenamtliche werden mit Aufgaben konfrontiert, für die es entweder keine Hauptberuflichen mehr gibt, oder bei denen die Hauptberuflichen keine Ideen haben, wie die Ehrenamtlichen zwar profitieren, aber nicht belastet werden könnten.

Das Absurde ist: Anstatt Verwaltungslasten von Ehrenamtlichen fernzuhalten, werden sie immer tiefer hineingezogen. Wie oft habe ich von hoch engagierten jungen Menschen gehört: »Wir haben bald keine Zeit mehr für die Jugendlichen, so viel Bürokram, wie wir erledigen müssen!«

Zu erwarten, dass diese Ehrenamtlichen also alles richtig machen, wäre falsch. Denn sie machen schon unglaublich viel und unglaublich viel richtig – in der Regel mit immenser Kraft, mit konstruktiven Vorschlägen und höchster Loyalität.

Wenn ich auf die Ablehnungserfahrungen in meiner Jugend schaue, gibt es niemanden, den ich verantwortlich machen will, schon gar keine Ehrenamtlichen. Aber ich will beschreiben, was Ablehnung in fragilen Lebensphasen mit Menschen macht.

In meinem Fall hat sie für ein Grundgefühl des Nicht-Richtig-Seins gesorgt: »Ich passe nicht dazu, weil ich anders bin«, das war mein Gefühl. Und dieses Gefühl zieht sich durch die kirchliche Biografie weiter – latent gespeist aus diesen alten, tief sitzenden Erfahrungen.

Das Verrückte ist: Meine Gottesbeziehung hat in den Jahren nicht gelitten, das Vertikale im Glauben, die Bindung zwischen Gott und mir, trug mich, trägt mich. Eher das Horizontale, also das Gemeinschaftliche mit Menschen, sorgte für Verunsicherung.

Und obwohl ich ein Jahr nach meinem Irland-Aufenthalt dann doch noch zur Firmung gegangen bin, bin ich auch dann nicht in der

Gemeinde angekommen – die unsichtbaren Zäune waren zu hoch. Zugleich hatte ich unfassbares Glück: Denn die Frau, die meine Firmgruppe geleitet hat, war für meine Bedürfnisse aufmerksam. Sie gehört bis heute zu den Menschen, die ich jederzeit um Rat frage, obwohl wir uns seit damals nur alle paar Jahre sehen. Sie und andere Menschen sind das »Trotzdem« in mir, wenn es um die wiederholten Versuche geht, in Kirchengemeinden anzudocken. Ich weiß, dass überall solche aufmerksamen, spirituellen Menschen sind, ob nur hauptberuflich oder ehrenamtlich engagiert.

»Nee, danke, wir sind katholisch!« Der Satz, für den ich mich bis heute schäme, könnte auch für die damals in meiner Gemeinde nicht vorhanden gewesene fränkisch-katholische Willkommenskultur gelten und eine Erinnerung für all diejenigen sein, die es sich in Gemeinden und Jugendgruppen zu gemütlich eingerichtet haben:

Sind unsere Türen wirklich für Menschen offen, die neu oder anders sind? Woran könnte das jemand merken, der das erste Mal da ist? Muss die Person sich durchfragen oder gibt es unauffällige (gesichtswahrende) Möglichkeiten, sich einen Überblick zu verschaffen, wie hier »der Hase läuft«?

Und wenn diese neuen Leute zu uns reingekommen sind, wer merkt es? Wie werden sie willkommen geheißen? Wer verstärkt, dass sie sich wohlfühlen?

Ist das etwas, das wir vom Pastoralteam erwarten? Oder ist es etwas, das wir als Gemeindemitglieder unterstützen könnten?

Was ich sagen will, ist: Es gibt nur wenige Menschen, die so verrückt sind wie ich, dass sie trotz aller Ablehnung und Abschreckung immer wieder versuchen, in der katholischen Kirche, in Kirchengemeinden oder Angeboten Fuß zu fassen, sich ein kleines spirituelles Zuhause aufzubauen.

Den meisten Menschen reicht eine schlechte Erfahrung, um nicht mehr wiederzukommen. Das bedeutet für jeden Sonntag, für jedes

Gemeindefest, für jede Jugendgruppe: Wenn der Spruch »Wir sind hier offen für alle!« Wirklichkeit werden soll, dann braucht er Zeichen, explizite und immer wieder gesetzte Zeichen. Sich als offen zu bezeichnen, aber keine Offenheit im Handeln zu zeigen, bringt genauso wenig wie zu sagen: »Es ist nicht schlimm, das Vaterunser nicht zu kennen«, aber dann nicht dafür zu sorgen, dass die Menschen es irgendwo mitlesen können, während es gesprochen wird.

Auf der Straße Es ist ein sonniger Tag. An der Seite des Kölner Doms, die zum Bahnhof zeigt, ist es aber wie immer kalt und schattig, und es weht dieser typische, scharfe Kölner-Dom-Wind. Anstatt weiterzugehen, bleibe ich stehen und mache ein Foto, weil mich ein Anblick so anrührt:

Ein Mann sitzt im Schneidersitz an einen der immerwährenden Bauzäune gelehnt, die den Dom umzingeln. Er hat seine Baseballmütze tief ins Gesicht gezogen, sein Blick ist nach unten gerichtet. Vielleicht döst er auch, es ist nicht zu erkennen. Der Mann sitzt inmitten seiner Habseligkeiten: auf einer Decke und noch einer Decke. Um ihn herum Wasserflaschen, ein Fläschchen Schnaps, ein Rucksack, viele Centstücke, eine Plastiktüte. Sein Hund liegt in den Armen des Mannes. Ein riesiges, wunderschönes Tier. Der Hund lässt sich halten, er ist ganz ruhig. Für den Hund ist alles da: ein Napf mit Wasser, ein Napf mit Hundefutter, ein Kuscheltier, ein Ball, eine Bürste zum Fellkraulen.

Es sieht aus, als ob sie einander umarmen, der Hund schaut auf die Brust des Mannes, an der er liegt.

KÖLNER MYSTIK

Über die Faszination des Katholischen

11.263 sind es. 9,6 mal 9,6 Zentimeter ist jedes kleine Farbfeld groß. 72 Farben. Das Richter-Fenster im Kölner Dom. Ich sitze da, starre nach oben, versuche zum hundertsten Mal mit dem Handy, diese unglaubliche Aura einzufangen. Diesen betörenden Moment des Licht-und-Farbenspiels. Diese tiefe Sehnsucht, die sich in diesem Fenster für mich abbildet. Aber es gelingt nicht. Der Winkel ist unmöglich, das Licht scheint klar, ist aber verschwommen, die Dunkelheit verschluckt die Anmut. Ich sitze trotzdem. Versuche, das Handy wegzulegen, meinen inneren Ton zu finden, im Moment zu sein, ohne ihn einfangen zu wollen. Die Tränen laufen nicht sofort, aber irgendwann laufen sie. Leiser als früher. Aber sie laufen. Ich bin nicht allein im Dom, aber ich sitze ganz allein in einer Bank, und auch direkt vor und hinter mir ist niemand. Und spüre diesen lang vermissten Menschen neben mir.

Köln ist meine Geburtsstadt und war so gut wie nie in meinem Leben mein Zuhause. Ich bin öfter durchgereist als ausgestiegen. Aber wenn ich den Dom auch nur aus dem Zugfenster erahne, wird mir warm. Dieses wunderschöne gotische Monster. Er ist einer der Inbegriffe meines Heimatgefühls in Köln.

Wenn ich mich richtig erinnere, habe ich hier noch nie eine Messe mitgefeiert, und obwohl mir morgens im Internet oft die Live-Übertragungen aus dem Dom angezeigt werden, klicke ich nie hinein. Denn der führende Klerus des Erzbistums ist für mich der Grund, wegzubleiben. Der Kölner Dom macht mich sehnsüchtig und stößt mich zugleich ab. Neben dem kirchenpolitischen Klima ist hier auch die Raum-Gestaltung eine Zumutung für mich – mir bleibt kein Platz, um zu Gott zu kommen. Entweder rascheln Tourist:innen um mich herum, oder ich weiß nicht, wo ich meine Augen hinrichten soll, weil so vieles gleichzeitig wirken will. Und für ein Zwiegespräch, einen stillen Kontakt zu Gott brauche ich Fokus.

Mein Vater. Er sitzt neben mir. Nur das eine Mal. Im Herbst 2007. Kurz nachdem das Richter-Fenster eingeweiht worden ist. Ich bin aus Münster, wo ich studiere, nach Köln gekommen. Er hat sich den Tag freigenommen. Wir wollen Köln erkunden, unser beider Lieblingsstadt, in der er so viel erlebt hat und fünf von uns sechs Kindern geboren sind. Der Tag bleibt unvergessen, lauter kleine Sequenzen, mit denen ich mir meinen Vater in Köln zusammenpuzzele, der er dort war: ein geselliger, tiefgläubiger Wissenschaftler. Wenige Monate später stirbt er bei einem Autounfall.

Wir beginnen am Richter-Fenster im Dom. Ich bin fasziniert. Es ist genau meine Art von Kunst, ohne Bevormundung und mit größtem Spielraum für die eigene Fantasie. Und es ist genau meine Art von Mystik. Weit, überbordend stark und still zugleich.

Dieses Fenster lässt mir bis heute Platz für jedes Gebet. Hier blende ich aus, was um mich ist. Hier werde ich still. Die Farben. Das Licht. Sie lassen sich nicht zähmen.

Das Richter-Fenster ist umstritten in Köln. Passt angeblich nicht zum Dom. Ist nicht christlich genug. Eine absurde Diskussion, wenn man bedenkt, dass es inmitten eines der monumentalsten Wahrzeichen der christlichen Tradition zu finden ist. Direkt am Altar. Durch das Fenster scheint das Licht in tausend Farben auf das Zentrum der Liturgie. Der Kölner Dom ist wohl noch nie versehentlich für etwas anderes als eine Kirche gehalten worden. Und doch gibt es immer wieder diese Angst unter Rechtsgläubigen: Der Kern von etwas – des Christlichen, des Katholischen – könnte gefährdet werden, wenn ihm etwas hinzugefügt wird, das anders ist. Deshalb echauffiert man sich über das Fenster. Ein Lichtblick für mich, weil es Diversität, Struktur und Leuchten verbindet. Ein Affront für die, denen Traditionen, Normen und Einheitlichkeit in der Kirche und ihren Räumen wichtig sind. Meine Vermutung ist: Da steckt eine Angst drin. Angst, die Dinge (und Menschen) nicht beherrschen zu können, wenn man sie freilässt.

Diese Angst ist mir fremd. Mein Gottesbild ist so tief verwoben mit der Vorstellung, dass Gott größer, weitsichtiger, facettenreicher und auf jeden Fall völlig anders ist als das, was wir von ihm denken können. Warum sollte dieses Wesen also in irgendeiner Weise unzufrieden sein mit dem Facettenreichtum im Christlichen, im Katholischen?

Nur weil ich die Überladenheit des Doms unangenehm finde, bin ich nicht weniger katholisch als jemand, der sich in ihm genau am richtigen Platz fühlt. Während ich in der Abstraktion des Richter-Fensters Gottes Nähe spüren kann, fühlt sie der andere Mensch vielleicht stärker vor einer Pieta.

Genauso erfahre ich das Katholischsein in meiner Familie: Mein Vater war Professor für Geschichte, sein Schwerpunkt das Mittelalter, die Päpste, die Frömmigkeit. Er hat mir gefühlt jede Kirche in der Toskana gezeigt, hat Latein besser verstanden als jede moderne Sprache und war sicherlich ein eher traditioneller Katholik. Meine Mutter dagegen ist immer noch die Fragende, die Kritikerin, die nach den verheerenden Aussagen eines Bischofs in den 1990er-Jahren aus der Kirche ausgetreten ist. Wütend und stolz. Sie stützt sich dabei auf ihr Gewissen, tritt aus, weil sie die Kirche unglaubwürdig findet. Bis heute ist sie aber betroffen von dem, was in der katholischen Kirche passiert – sie ist ihre Heimat. Trotz aller Fehler bleibt sie auf ihre Kirche hoch emotional bezogen. Wenn Gutachten erscheinen, wenn Unsägliches von Erzbischöfen gesagt wird – dann leidet meine Mutter. Immer wieder neu. Sie fragt meinen Mann und mich: »Habt ihr das schon gelesen? Wie kann er nur? Das ist so ekelhaft, das ist menschenverachtend!«

Ihre Enttäuschung ist so frisch, als ob der Austritt gestern und nicht vor fast 30 Jahren war. Das Gleiche gilt für ihre Sehnsucht. Auch die ist noch da. Meine Mutter sitzt still in Kirchen, wenn sie nicht weiterweiß. Nicht in Gottesdiensten, aber im Kirchenraum. Mit ihr sitzen da viele andere, ob tatsächlich in den Gotteshäusern oder nur in Gedanken. Sehnsucht haben wir doch alle.

Jahre nach der Einweihung des Richter-Fensters erlebe ich wieder Tiefe im Kölner Dom. Wieder jenseits der erzbischöflich genormten Katholizität. Wieder mystisch. Ein Team hat mit enormem Aufwand während der Gamescom – der riesigen Messe für Computer- und Videospiele – mitten in den Sommerferien den Kölner Dom in Szene gesetzt. Das Ganze nennt sich *SilentMOD*. Die Schlangen reichen über den ganzen Roncalliplatz, als ich ankomme.

Drinnen ist es erstaunlich still. Ganz hinten bleibe ich stehen. Es ist eine Art Sog in der Luft, weil Licht und Nebel ein Zentrum bilden: hoch oben. Ich kann nicht wegsehen.

DJs legen elektronische Musik dazu, ein Duft liegt in meiner Nase, und dann die Dom-übliche Kühle auf der Haut.

Drei Roboter suchen mit Lasern die Kirchendecke ab, immer wieder, rastlos, es erschließt sich mir nicht, was sie suchen, aber ich suche mit den Augen mit.

Und in diesem Eingesogensein rinnen wieder Tränen bei mir, wieder im Kölner Dom, die Hände auf der alten, schrumpeligen Kirchenbank vor mir. Keine Ahnung, worüber ich weine, aber es ist so viel Gefühl in diesem Zeitraum, dass ich einfach nur stehen bleiben kann.

»Nicht missionieren, sondern magnetisieren« sei das Konzept gewesen, sagt später der begeisterte Dompropst im Interview, freut sich über die 50.000 Besucher:innen und meint: Eine Wiederholung werde es im Folgejahr nicht geben, weil der Aufwand so hoch sei.

Ja. Der Aufwand war hoch.

Aber stellen Sie sich mal vor, die römisch-katholische Kirche würde immer so viel Aufwand um diejenigen betreiben, die sie vermeintlich erreichen will. Mal angenommen, an jedem Sonntag würde sich das pastorale Personal ernsthaft darum bemühen, dass Menschen magnetisiert und nicht missioniert werden. Wie sähen dann die Gottesdienste aus?

Es wäre ein Fest. Eine wöchentliche Hoch-Zeit für eine Vielzahl von Menschen. Denn während die Kirchen immer leerer werden, werden die Herzen nicht leerer in ihrem Bedürfnis nach Sinn, Halt und Gemeinschaft. Die Werte und die Mystik, die die Kirche zu bieten hat, sind hochaktuell – wenn sie sich dabei doch nur radikaler entscheiden würde, auch von der jetzigen Welt zu lernen. Wenn sie sich doch nur einlassen würde auf das, was für viele heutige Menschen wichtig ist: Gleichberechtigung der Geschlechter und Lebensentwürfe, Respekt vor dem Bemühen der Menschen, Gutes zu tun.

Stattdessen ist gerade meine Heimat Köln ein Musterbeispiel für Selbstgefälligkeit, Kritikunfähigkeit und Herabwürdigung moderner, mündiger Religiosität.

Das Richter-Fenster, SilentMOD – beide sind Zeichen einer katholischen Kirche, wie ich sie mir wünsche. Nicht allein, weil sie so besonders sind, anders, herausragend. Nein, keine Sorge. Ich habe kein Bedürfnis danach, einer reinen Eventkirche anzugehören, bei der immer nur Feuerwerk und Spektakel herrscht. Das Fenster und das Event – sie geben auch Menschen ein Zuhause in der Kirche, die mit ihren Spiritualitäten in Eucharistiefeiern, auf Gemeindefesten und klassischer Ästhetik nicht andocken können. Ich bin überzeugt, dass viele Menschen eine spirituelle und persönliche Sehnsucht in sich tragen, auf die das Christentum, auch in katholischer Ausprägung, faszinierende, bestärkende Antworten gibt. Aber anstatt auf diese Kraft zu vertrauen und eine innere Freiheit gegenüber äußeren Formen zu entfalten, wird normiert. *SilentMOD* bleibt einmalig, das Richter-Fenster bleibt die Ausnahme.

Was liegt darunter? Ist es die Angst vor dem Auseinanderfallen einer jahrtausendealten Gemeinschaft? Ist es die mangelnde Vorstellungskraft, dass die Gemeinschaft auch in größerer Vielfalt noch ihren Wesenskern behalten könnte? Oder ist es der viel beschriene Machtanspruch einer unflexiblen Elite, die Angst um ihre Pfründe hat? Oder etwas, das ich nicht erkennen kann?

Ich kann nur mutmaßen. Und ich merke, der Versuch, die Gründe der Unbeweglichkeit zu verstehen, macht mich müde. Köln ist ein Extrembeispiel – einerseits eine Stadt, eine Region, in der sich seit Jahrzehnten eine unglaubliche Diversität der Lebensweisen ihren Weg gebahnt hat, ein fröhliches Leben-und-Leben-Lassen. Und andererseits das Katholische in Köln: regiert von einer Führungsriege, die von den Machenschaften des Opus Dei profitiert, die chronisch alles an struktureller Erneuerung niederkämpft, was ihre leidgeprüften Gläubigen an Gaben zum Altar tragen. Das Schlimmste an dieser Bistumsleitung ist allerdings der Umgang mit Betroffenen sexualisierter Gewalt, der nur davon geprägt ist, die eigene Macht zu erhalten.

Der rheinische Katholizismus, die Coolness, mit der viele Katholik:innen sich früher nicht darum geschert haben, was der Vatikan oder der Erzbischof sagen, hat von außen betrachtet an vielen Stellen seine Lockerheit verloren.

Einzelne Gemeinden machen Hoffnung, dass unter dem Radar des Kardinals auch größte Menschenfreundlichkeit und lebensnaher Gottesbezug möglich sind. Dass in diesem Trotz ein unglaublicher Kraftakt und eine unbändige Hoffnung stecken, bewegt mich sehr.

Denn wie geht es den Menschen, die hauptberuflich oder ehrenamtlich in so einem System weiterhin glaubhaft und realitätsbezogen von Gottes Liebe erzählen? Wie bleiben sie gesund? Wie halten sie ihre Hoffnung aufrecht?

2022. Da sitze ich wieder. Und starre hoch. Kurz vor Abschluss dieses Buches habe ich auf einer Dienstreise einen kleinen Aufenthalt in Köln. Und es zieht mich in den Dom. Zum Richter-Fenster. Zuerst will ich eine Kerze anzünden, weil ich dankbar bin für den erfolgreichen Workshop, der hinter mir liegt. Stattdessen setze ich mich. Und starre. Im wahrsten Sinne unfassbar, uneinfangbar leuchten die kleinen Quadrate. Meine Kamera hat keine Chance. Es laufen Leute draußen vor dem Fenster vorbei und schauen in den freien Himmel vor dem Dom. Ihre Umrisse sind Schemen hinter den bunten Glasscheiben.

Diversität. Katholisch. Das zeigt doch dieses Fenster!

Aber solange aus der Angst heraus, den liturgischen und ästhetischen Mainstream zu gefährden, andere Formen von Kirchenraumgestaltung und Mystikerfahrung die Ausnahme bleiben, werden sich die Menschen mit ihren vielfältigen Spiritualitäten nicht willkommen fühlen.

Mir steigen die Tränen in die Augen. Innerlich fühle ich mich überschwemmt. Weil der Dom nicht nur Heimat und Religiosität für mich bedeutet, sondern auch das Wahrzeichen eines menschenverachtenden Systems ist.

Vor den Kerzen steht eine Domschweizerin und zeigt den Tourist:innen den Weg zum Ausgang. Eine weibliche Domschweizerin. Ein Mini-Lichtblick, eine kleine Reform – erst seit 2019 dürfen auch Frauen diesen Dienst im Dom tun. Aber drumherum all das Schwerfällige, der Sog in die Vergangenheit.

Neben mir sitzt ein Großvater mit seiner Enkelin. Sie schauen sich das Fenster an. Er erklärt. Sie sehen gelassen aus. Ihr Anblick heilt etwas in mir. Das Richter-Fenster wirkt. Nicht nur auf mich.

Auf der Straße Als ich mit 16 den ersten Personalausweis bekommen habe, war das das Tor zur neuen Welt: Nachweisen können, das ich alt genug für eine Veranstaltung bin, auf eine Party (zumindest bis null Uhr) gehen darf. Der Personalausweis hat damals Spaß bedeutet, erwachsen werden, feiern.

Jahre später geht eine Zeit lang Pico mit mir vom Essener Bahnhof die Kettwiger Straße hinunter. Er ist vielleicht 1,65 groß, der Schweiß steht ihm auf der Stirn, die Haare sind fettig. Immer mit einem riesigen Rucksack, Sportkleidung. Irgendwie in meinem Alter, vielleicht auch viel jünger, schwer zu sagen. Pico erzählt ein bisschen von der Straße, während wir gehen. Ich gebe ihm fünf Euro. Er erzählt vom Parkhaus, wo er in der letzten Nacht geschlafen hat, und vom Parkhauswächter, der versucht hat, ihn zu verprügeln, weil er da lag. Er erzählt, dass man ihn auf der Straße Pico nennt – seinen echten Namen erfahre ich nicht.

Einige Monate sehen wir uns nicht, dann wieder. Und plötzlich steht etwas im Raum: eine eigene Wohnung. Er sagt:»Jetzt brauche ich nur noch einen Personalausweis, dann könnte das klappen.«

In mir schluckt die 16-jährige Partygängerin. Einen Personalausweis, um eine Wohnung zu bekommen. Darüber habe ich noch nie nachgedacht. Aber klar: Meine Identität kann ich seit

Geburt nachweisen, erst haben das meine Eltern für mich getan, dann ich selbst – sang- und klanglos. Ich hatte noch nie Schwierigkeiten in Hotels, wenn nach der Personalausweisnummer gefragt wurde. Ich hatte noch nie Schwierigkeiten, meine Sozialversicherung, meine Lohnsteuerkarte, meinen Impfausweis vorzuzeigen.

Was ist aber, wenn diese Identität auf der Straße verloren gegangen ist – also buchstäblich? Wenn man ohne Dokumente seinen Weg geht?

Ein Personalausweis ist kostbar, er macht dich offiziell zu der Person, die du bist.

Dass er auch ein Schlüssel zu einer eigenen Wohnung ist, also den großen Schritt aus der Wohnungslosigkeit heraus bedeutet, war mir nicht klar.

Ich weiß nicht, was aus Pico geworden ist. Ich habe ihn danach nie wieder gesehen. Meine größte Hoffnung ist, dass das daran liegt, dass er heute in der eigenen Wohnung lebt, die er sich erträumt hat, dass er lebt, dass er gesund ist. Aber ich weiß auch, dass es ganz andere Gründe haben könnte, warum ich ihn nicht mehr getroffen habe.

BEICHTEN

Über Schuld, Schweigen und Auferstehen

»Sind Sie denn alle schon zur Beichte gegangen, damit Ihr Vater in den Himmel auffahren kann?« Mit offenem Mund starre ich auf das Telefon, aus dem die Stimme des Priesters tönt. Er soll meinen Vater beerdigen, der wenige Tage vorher bei einem Autounfall ums Leben gekommen ist.

»Äh, nein.«

Ich bin zu perplex, um ohne weitere Worte aufzulegen oder ihm wahlweise ins Gesicht zu springen, aber ich würde es nachträglich gern tun. Weil ich jetzt besser weiß, was für ein Menschen- und Gottesbild in seiner Frage gesteckt hat, weil ich jetzt verstehe, was für eine widerliche, ignorante Unsensibilität in seiner Frage mitgeschwungen ist, weil ich jetzt fest überzeugt bin, dass sich Gott nicht in solche katechismusgetriebene Kleinbürgerlichkeit zwängen lässt.

Die Beichte der Familie als Türöffner für den Himmel eines Verstorbenen. Heute wüsste ich besser, wie ich darauf reagiere.

Ein zweiter Priester, den ich wenige Wochen nach dem Tod meines Vaters an der Uni treffe, reagiert anders, aber auch völlig frei von pastoralem Feingefühl. »Ahhh! Die Tochter ... des Verunglückten! Wie ist es denn überhaupt passiert? Vom Laster überrollt?«, ruft er aus. Ich steige auf den hässlichen Zynismus ein, antworte: »Nein, in den Gegenverkehr gerast.«

»Ach so!«

Die Unterhaltung ist an Absurdität nicht zu überbieten. Obwohl ich diese beiden Geschichten schon oft erzählt habe, um Menschen ein makabres Lachen zu entlocken, sitzen sie bis heute tief. Die Erfahrung zu machen, dass jemand, den man sehr liebt, plötzlich und viel zu früh stirbt, kennt kaum einen größeren Schmerz. Dass aber zwei ausgebildete Trost- und Trauerspezialisten der katholischen Kirche diesem Schmerz noch tiefe Enttäuschung, empörte Wut und erstaunte Entrüstung hinzufügen konnten, hätte ich vorher nie in meinem Leben gedacht.

Und mit mir können Tausende von Menschen solche Geschichten erzählen – sicherlich in den Nuancen unterschiedlich, aber in der gleichen Grunderfahrung. Menschen erleben einen Verlust in der Regel als einen der größten Einschnitte im Leben, und die katholische Kirche hat in Gestalt einer leider viel zu großen Zahl von unsensiblen, bürokratiefixierten und schlecht vorbereiteten Mitarbeiter:innen nichts Besseres zu tun, als dem Schmerz und der Überforderung noch weitere bittere Gefühle beizumischen: Zorn, Enttäuschung, Empörung, Entgeisterung, Fassungslosigkeit angesichts grenzüberschreitender Fragen, unflexibler Zeitpläne, ungeschickter Redewendungen, falsch ausgesprochener Namen, unerwarteter Kosten für die Kirchenmusiker:innen und so weiter und so fort.

Ein Priester aus unserem Bekanntenkreis soll sogar einmal ernsthaft der Trauerfamilie sein Parkticket überreicht haben, weil er schließlich »nur ihretwegen« beim Friedhof habe parken müssen. Was als galliger Witz unter Katholik:innen erzählt wird, ist bitterer Ernst in der Realität.

Selbst hochbetagte Menschen treten nach solchen Beerdigungserfahrungen aus der Kirche aus, wütend und tief enttäuscht nicht nur darüber, dass die in diesem Moment so dringend gebrauchte Seelsorge ausbleibt, sondern auch darüber, dass eine Dienstleistung ad absurdum geführt wird, an die man zu Recht die Erwartung haben darf, dass sie zum Kerngeschäft und deshalb zum selbstverständlich ausgezeichneten Service der katholischen Kirche gehören sollte. Nicht umsonst argumentieren immer noch Menschen damit, dass sie nicht austreten, weil sie katholisch beerdigt werden wollen. Dass diese und auch alle anderen Getauften aber dabei auch Qualität erwarten dürfen, das scheint in der vielerorts überforderten Pastoral nicht mehr selbstverständlich zu sein.

Natürlich kenne ich auch die Gegenbeispiele – fantastische, sensible Seelsorger:innen, die die richtigen Worte und die passende Stille in herausfordernden Momenten finden. Das Problem ist nur: Sie sind nicht nur überbucht, sondern sie werden auch immer seltener. So oft habe ich schon zu Menschen, die wenig bis nichts mit der Kirche zu tun haben, gesagt: »Wenn du mal Bedarf hast, melde dich gern und ich stelle Kontakt zu den guten Leuten her.« Ein kleiner Trost, den ich anbieten kann, bevor noch andere Menschen schlimme Erfahrungen machen.

Dass es solche und solche, bessere und schlechtere Seelsorgende gibt, ist dabei gar nicht das Problem. Mein Ärger entsteht einfach daraus, dass Seelsorge das Kerngeschäft dieser Menschen ist. Bestimmte Dinge dürften dabei einfach nicht passieren – und dazu gehört auch, dass Menschen in den schwersten Stunden ihres Lebens schlecht, herablassend, unpassend und unsensibel behandelt werden.

Ich mache mir nichts vor, die Menschen treten bei derart unterirdischen Erfahrungen meistens nicht nur aus der Kirche aus, sondern sie verlieren auch den (letzten) Kontakt zu ihrer spirituellen Praxis. Priester wie der, der mich nach der Beichte gefragt hat, haben Katholik:innen auf dem Gewissen, sie zerstören etwas in Menschen, in ihrem Glauben und in ihrer Verbindung zur Kirche sowieso. In einem Unternehmen würden sie dafür gefeuert werden.

In meinem Fall war es das Glück des erzkonservativen Priesters – und auch meins –, dass er meinen Glauben mit seiner Frage nach der

Beichte nicht zerstören konnte. In den Wochen nach dem Tod meines Vaters habe ich eine Vielzahl von Gefühlen durchlebt, ich habe den Grabstein angeschrien, ich bin von meinem damals vierjährigen Bruder und seinem kindlich-tiefen Gottvertrauen getröstet worden, ich habe die Bilder von zersplittertem Autoglas innerlich verarbeitet. Aber vor allem habe ich mich mit Schuld auseinandergesetzt, mit der Schuld, dass jemand anderes auch zu Tode gekommen ist. Ich habe mich lange gefragt, ob nicht auch ich, als eine der Nachkommen meines Vaters, diese Verantwortung tragen muss. Und nur die Vorstellung, dass Gott im heilenden Sinne mit meinem Vater ins Gericht geht, hat mir diese Last genommen. Ich habe mir ausgemalt, wie sie gemeinsam auf das Leben meines Vaters und seine letzten fatalen Momente schauen, wie Gott mit meinem Vater durch all die guten Dinge, aber auch durch seine Fehler und den verursachten Schmerz geht, und wie mein Vater dabei heil werden kann.

Viele Jahre später habe ich das Beichten übrigens doch noch für mich entdeckt. So wie es aus meiner Sicht sein sollte. Als eines der schönsten Elemente des katholischen Christentums. Als einen Moment, in dem ich mir selbst etwas verzeihe und es loslasse; als den Moment, in dem es sich anfühlt, als ob Gott ganz nah ist; als den Moment, in dem ich mich mit etwas versöhnt fühle, was mich belastet hat.

Vor dem Beichten habe ich aber erst mal lange geschwiegen. Das kann auch heilsam sein. Ich war im Kloster zum Schweigen. Einige Tage allein sein, ganz still. Meine Stimme hörte ich nur beim Stundengebet und in der einen Stunde am Tag, in der ich mich mit meinem Exerzitienbegleiter getroffen habe. Mit einem Mönch, der Priester ist.

Seit Monaten hatte ich mich mit Schuldgefühlen herumgeschlagen. Und am zweiten Tag des Schweigens habe ich mir ein Herz genommen und zum Mönch gesagt: »Ich glaube, ich würde dieses Mal gern beichten.« Und dann habe ich gleich hinterhergeschoben, dass ich aber wirklich nicht weiß, wie das geht. Einfach, weil ich damit nichts anfangen konnte.

Ich kenne viele traurige, demütigende und schmerzhafte Geschichten von Menschen, die früher geboren sind als ich, vom Beichten: Von der Scham, der Erniedrigung, vom Macht ausüben, vom Voyeurismus, und im schlimmsten Fall von Übergriffen und sexualisierter Gewalt im Kontext von Beichte.

Das Beichten ist wahnsinnig in Verruf geraten – einerseits zu Recht, weil in diesem Zusammenhang Menschen so viel Unrecht angetan worden ist. Andererseits denke ich heute: Wie schade, dass manche Priester dieses Sakrament so zerstört haben. Denn in seiner reflektierten, klugen Form, die ich im Kloster kennengelernt habe, ist Beichten ein wunderschönes Element des Heilwerdens.

Als ich im Kloster zum Schweigen war, war in mir noch ein weiterer Gedanke, der mich bis dahin vom Beichten abgehalten hatte: Warum soll mir ein Priester zusprechen, dass Gott mir meine Schuld verzeiht? Diese Meinung habe ich erst geändert, als ich mit meinem Schuldgefühl nicht mehr allein klargekommen bin.

Und deshalb habe ich meinen begleitenden Mönch gebeten, mich ein, zwei Tage auf die Beichte vorzubereiten. Das klingt sonderbar, aber genau das ist nötig: Ich habe mein Leben lang meine Schuldgefühle mit mir allein ausgemacht, ich habe zwar manchmal dabei gebetet, aber trotzdem habe ich mich mit den Gefühlen allein (gelassen) gefühlt. Deshalb brauchte ich Vorbereitung, um jemand anderen in diese Intimität meiner Gedanken einzubinden.

Der Mönch hat meine Angst vor der Beichte sehr sensibel aufgenommen. Besser hätte ich mir das nicht vorstellen können. Erst haben wir über das Problem geredet und warum mich dieses Schuldgefühl so belastet. Dann meinte er: »Eigentlich haben Sie schon gebeichtet.«

Ich war erstaunt:»Wie? Und was ist mit dem formalen Teil?«
Der kam dann zwei Tage später.

Als wir wieder im Gespräch waren, fragte er:»Wie ist das? Möchten Sie heute beichten?«

Mir ist das Herz in die Hose gesunken. Dann sagte ich:»Aber es könnte sein, dass ich weine. Okay?«

Der Mönch war zu dem Zeitpunkt 70 Jahre alt und seit 40 Jahren Seelsorger. Er hat schon einige Leute weinen sehen.»Erzählen Sie einfach, was Sie beichten wollen. Vorher spreche ich für uns ein Gebet.«

Schon hier kullerten bei mir die Tränen, denn als Erstes dankte er Gott. Dafür, dass er bei uns ist und mich begleitet. Dann erzählte ich, weswegen ich mich schuldig fühle.

Der Mönch sagte darauf nur ganz simpel:»Ich spreche dich von deiner Schuld frei.«

Dann hat er mir angeboten, mir die Hände aufzulegen – wenn ich will. Wir sind vor das Kreuz im Zimmer getreten, und er hat mich gesegnet. Und dann hat er mir die Hand gereicht, und sehr überraschend, aber stimmig für mich gesagt:»Friede sei mit dir!«

Auch an dieser Stelle liefen mir die Tränen herunter. Ich war so wahnsinnig erleichtert. Das Gefühl, etwas selbst nicht ertragen zu können, war weg. Es fühlte sich in mir friedlich an. Mein Gefühl war: Gott hat mir verziehen. Und der Mönch war dabei: als sein Sprachrohr.

Mir ist klar, dass diese Erfahrung ein Glück ist. Ich bin nicht an jemanden wie den konservativen Priester von der Beerdigung meines Vaters geraten, der meine vorsichtige Idee, zu beichten, wahrscheinlich auf eine Weise beantwortet hätte, die ich mir gar nicht weiter ausmalen möchte.

Beichten, das ist für mich durch die guten Erfahrungen – ich habe es später noch mal gewagt – eines der bestärkendsten und fragilsten Elemente meines Katholischseins. Es ist nichts, was ich alltäglich zulassen könnte, nichts, was ich irgendwo tun könnte, aber es ist eines der größten Highlights meines Glaubens: Die Erfahrung, dass ich etwas loslassen, an Gott abgeben kann, in einem Ritual verarbeitet, aber ohne dass das Gegenüber das Ritual überfrachtet.

Beichten hat mit meiner Hoffnung auf Auferstehung zu tun. Und die Auferstehung als Konzept von Erlösung von unserer Schuld zu wissen, das schenkt mir in meinem Leben eine immense Erleichterung und eine hoffnungsvolle, ernste Leichtigkeit. Im Alltag, aber eben auch bei den großen Einschnitten und Brüchen. »Gott weiß um uns als brüchige Menschen«, hat mal ein Priester in der Predigt am Karfreitag gesagt. Und ich ergänze: »Er liebt uns als brüchige Menschen.«

Auf der Straße Auf den Stufen vor einer Moschee steht eine alte Frau. Ihre Haut runzlig, gegerbt. Ihre Augen trüb, der leere Blick über den Platz gerichtet. Ich sehe zu, wie die Frau die Tauben füttert. Sie hat eine Tüte unterm Arm, aus der sie Krümel rieseln lässt. Um sie herum Hunderte von grauen Vögeln. Eine Schar Tiere, die sich ihrer Großzügigkeit anvertrauen. Die Frau sieht nicht aus, als ob sie viel hat. Aber sie gibt, und gibt, und gibt. Anderen, die es nötig haben. Ohne Kitsch steht sie da. Als ob es ihre Berufung ist, Tauben zu füttern.

Es ist eine von vielen armen Personen, die mir in meinem Auslandssemester in Istanbul begegnen. Bettler:innen, Menschen, die Schuhe putzen, junge Männer, die für wenige Cent Reis in Miesmuscheln verkaufen. Ich weiß nicht, ob diese Menschen eine Wohnung haben, ob sie sich eine teilen oder jeden Tag aufs Neue herausgefordert sind, ein bisschen Schutz und Sicherheit zu finden.

MUSLIMA WERDEN?

Über den Zufall der eigenen Religion

Warum bin ich eigentlich katholisch? Im Studium habe ich mich das mehrfach gefragt. Es lag sicherlich am Fach: Die Religionswissenschaft schaut von außen auf Religionen – mit einer doppelten Distanz, wie man im ersten Semester lernt: Zum Gegenstand und zur eigenen Religiosität.

Dass das für religiöse Menschen wie mich eine Herausforderung ist, ist mir schnell klar geworden, denn jeder Mensch hat einen – stärker oder schwächer ausgeprägten – Wahrheitsanspruch an die Inhalte der eigenen Religion. Besonders am Anfang war deshalb in mir ein riesiges Erstaunen. Denn das Fach geht nicht mit einem Wahrheitsanspruch an die Glaubensinhalte, Kulturen und Geschichten der Religionen, sondern es beschreibt, vergleicht und diskutiert, was Religionen ausmacht – immer mit dem Versuch, distanziert, aber konstruktiv zu bleiben.

Dieser Zugang hat mir eine enorme Freiheit gegeben, etwas wissenschaftlich zu vertiefen, was schon lange in mir wirkt. Ich nenne es das »Scheidungskind-Prinzip«. Wer, wie ich, früh gelernt hat, dass zwei Menschen, die man liebt, sehr unterschiedlich auf Dinge gucken und sehr unterschiedliche Wahrheiten haben können, lernt, mit Ambivalenzen umzugehen. Wahrheit wird plötzlich zu etwas, das Menschen für sich konstruieren können, und das gerade in Gefühls- und

Beziehungsfragen höchst individuell betrachtet wird. Es gibt dazu ein wunderbares Sprichwort, das ich irgendwo mal gelesen habe: »Willst du recht haben oder glücklich sein?«

Mit dieser Haltung auch auf Religionen im Allgemeinen und meine Religion im Speziellen zu gucken, ist entlastend. Und es hat mich sanfter gemacht, meine Einstellung relativiert. Zum Beispiel in Bezug auf das Schicksal bzw. die Fügung, katholisch zu sein. Religionen sind einerseits Prägemale, die an den wenigsten so geprägten Menschen spurlos vorübergehen. Andererseits ist die dadurch eingeprägte Religiosität bei den meisten Menschen nüchtern betrachtet purer Zufall. Mein Katholischsein ist Zufall. Meine Eltern waren katholisch und so religiös, dass sie mich haben taufen lassen. Wären sie Jude und Jüdin gewesen, wäre ich Jüdin. Wären sie Muslima und Muslim gewesen, Sie ahnen es …

Als mir das klar geworden ist, habe ich eine freundliche Distanz zu meiner Religion gewonnen, die genau wie alle anderen Religionen ihre ganz eigene, unfassbare Schönheit besitzt und zugleich völlig Unlogisches, historische Abgründe und menschliches Versagen in sich trägt.

So gesehen bin ich durch das Studium sehr frei geworden und habe zugleich gelernt, was meine Religion für mich so anziehend macht.

Eine der ersten Anfragen dieser Art an mein Christentum habe ich erlebt, als ich meinen Studienschwerpunkt auf die Geschichte und Kultur des Judentums gelegt hatte: Für Hausarbeiten und in Praktika habe ich so viele beeindruckende Jüdinnen und Juden kennengelernt und mich immer wieder gefragt: Brauche ich überhaupt diesen Jesus, den sie für ihre Gottesbeziehung so gar nicht brauchen? Ist mir dieser geheimnisvolle, unaussprechliche G'tt, von dem sie in der Tora und im Talmud erzählen, nicht viel lieber, viel passender?

Gerade die Gespräche mit Menschen, die vom Christentum zum Judentum übergetreten sind, haben mich sehr nachdenklich gemacht. Begeisterte Menschen faszinieren mich, und wenn sie dann auch noch mit scharfem Verstand erklären, warum sie »meine« Religion verlassen haben, um sich in einer anderen besser aufgehoben zu fühlen, konfrontiert das auch mich mit der Frage: Bin ich denn hier richtig aufgehoben?

Inzwischen ist die Antwort ein überzeugtes »Ja!« Ich bin wahnsinnig gern Christin. Ich lebe mit dieser unglaublichen Hoffnung auf Auferstehung, die einen täglichen Neubeginn ermöglicht. Ich schätze das Beziehungsorientierte in der Trinität – Gott ist mit uns Menschen in Beziehung, durch das Wirken seines Sohnes und des Heiligen Geistes, der christliche Gott ist uns sehr nah. Und ich schöpfe aus meiner christlichen Biografie, ich lebe aus den tiefen Erfahrungen in der mir bekannten katholischen Liturgie, aus den Bibelstellen, die ich an Wendepunkten besonders bewusst gelesen habe, aus den Liedern, die ich im Ohr habe.

Dieses überzeugte »Ja!« zum Christentum hat sich im Studium weiter geformt. Und zwar nicht in abwertender Abgrenzung zu anderen Religionen, sondern im verstehen lernen, was das für mich besonders Schöne oder Wertvolle in meiner Religion ist. Die Religionswissenschaft hat mich gelehrt, dass man ein Profil und eine Identität entwickeln kann, ohne andere Profile und Identitäten auszuschließen oder herabzuwürdigen.

Sich mit Religionen zu befassen, bedeutet auch, festzustellen, dass es das Eigene in anderen Farbtönen und Schattierungen ebenso woanders gibt.

Nächstenliebe zum Beispiel ist kein Konzept, das den Christ:innen gehört. Jede Religion hat die Sorge für andere Menschen, das Barmherzige, Fürsorgende, das Almosengeben, das Liebevolle formuliert – auf je eigene Weise. Die religiös begründete Liebe zu anderen und das daraus abgeleitete friedliche und helfende Handeln gibt es in allen Religionen – sowohl in denen mit Gottesbezug als auch in denen, die ohne eine Gottesvorstellung auskommen. In den Religionen ist die Liebe zu Hause. Die Liebe zu Gott und seiner Schöpfung beziehungsweise die Liebe und Ehrfurcht vor Natur und Wachstum. Das Gleiche gilt – auch wenn es etwas widersprüchlich klingt – für Gewalt in den Religionen. Die Gewalt im Namen Gottes oder im Namen des eigenen Heilsverständnisses gehört keiner Religion allein. Diese faszinierende, relativierende Erkenntnis habe ich beim Lernen für eine Prüfung gewonnen. Das Thema war »Gewalt als Gottesdienst«. Mehrere Religionswissenschaftler haben in ihren Büchern herausgearbeitet, wie Gewalt durch eine Heilsgeschichte religiös aufgeladen wird. Das geschieht zum Beispiel bei Konflikten um ein Territorium oder bei Auseinandersetzungen zwischen den ethnischen Gruppen eines Landes. Gläubige beanspruchen für sich ein bestimmtes Land, ein Gebiet als von höherer Instanz gegebenes Zuhause. Dafür versuchen sie, andere Gruppen zu verdrängen.

Gewalt findet eine Vielzahl von religiösen Begründungen und religiöser Aufladung: Die Kreuzzüge waren religiös aufgeladene Territorialkonflikte – eine Ausweitung des eigenen Machtbereichs. Territoriale, kulturelle Konflikte werden religiös begründet oder aufgeladen: ob in Nordirland unter Christ:innen oder im arabischen Raum zwischen Sunnit:innen, Schiit:innen und anderen Strömungen des Islams.

Was die Religionswissenschaft mich gelehrt hat: Keine Religion ist in sich zu hundert Prozent friedlich, keine hat die Liebe für sich gepachtet und keine besteht nur aus Gewalt und Aggression. Religionen sind so außerordentlich komplex und in sich divers wie die Menschen, die diesen Religionen angehören.

Was mich deshalb wirklich leicht auf die Palme bringt, sind Menschen, die von einer Religion oder Konfession meinen, man könne den »Kern«, die »Wahrheit« dieses Glaubens genau definieren.

Einer meiner Tiefpunkte der letzten 20 Jahre ist die einseitige Berichterstattung über den »gewalttätigen Islam«. Der Islam hat, wie alle großen Religionen, sowohl eine Vielzahl von Strömungen als auch von regionalen und kulturellen Ausprägungen. Es gibt Muslim:innen, die ihre Gewalttaten heilsgeschichtlich aufladen, und es gibt Muslim:innen, die ihre Friedensarbeit religiös begründen. Und dazwischen gibt es noch eine Vielzahl von Muslim:innen, die weder das eine noch das andere tun. Religionen, gerade die besonders großen, sind nicht einfach in Schubladen zu stecken, und ihre Anhängerschaft ist logischerweise nicht homogen.

Als ich zwischen 2010 und 2015 für katholische Schulen, Bildungseinrichtungen oder Verbände Vorträge und Workshops zu muslimischem Leben in Deutschland gehalten habe, bin ich immer wieder von meinen katholischen Teilnehmer:innen auf den »Kern des Islams«, auf die Unterdrückung der Frau, auf die Gewalt angesprochen worden. Der 11. September 2001 war für viele noch sehr präsent. Was ich bei allem berechtigten Erschrecken über die außerordentliche Gewaltbereitschaft der islamistischen Terroristen immer erstaunlich fand: Für den Terror war plötzlich eine ganze Weltreligion verantwortlich.

Manchmal, wenn diese Diskussionen ausgeufert sind und immer abwertender wurden, habe ich den Spieß umgedreht und schließlich gekontert: »Sie sind doch katholisch, oder? Haben Sie auch schon mal ein Kind missbraucht?«

Es folgte entrüstetes Verneinen. Nein, also das könne man doch nicht auf alle Katholik:innen schieben, was da Einzelne getan hätten ...

Mir ist bewusst, dass das ein heftiger Vergleich ist, und ich bitte die Mitlesenden um Entschuldigung, die dieses schreckliche Leid am eigenen Körper erlitten haben.

Was ich in der Religionswissenschaft nur wirklich ausführlich gelernt habe, ist, dass wir es uns mit Religionen nicht leicht machen können – weder mit den Inhalten noch mit den Gläubigen. Nichts ist je so klar, wie es sich die Liebhaber:innen von Schwarz-Weiß-Denken wünschen.

Während des Studiums habe ich ein Semester in Istanbul verbracht, dieser schillernden Stadt am Bosporus, dem Bindeglied zwischen Europa und Asien, diesem Schmelztiegel, der offiziell 15 Millionen, inoffiziell viel mehr Bewohner:innen beherbergt und jährlich fast genauso viele Gäste begrüßt. Während auf der europäischen Seite die Sehenswürdigkeiten und Tourist:innen zu treffen sind, leben auf der asiatischen Seite die Türk:innen etwas traditioneller. Und auf beiden Seiten gehört dazu der Islam in einer freundlichen, selbstverständlichen Art – für die einen konservativ, für die anderen liberal ausgelegt, aber überall zugegen.

Meine ersten Erfahrungen in dem Istanbuler Viertel, in dem ich gewohnt habe, sind von türkischer Höflichkeit geprägt gewesen. Eine wunderbare Mischung: nämlich von sehr ausgeprägtem Respekt, größter Herzlichkeit und Hilfsbereitschaft – motiviert durch Religiosität und traditionelle Kultur. Schon am zweiten Tag durfte ich diese Melange live erleben: Ich hatte mich verlaufen – was in der fremden Großstadt, damals noch ohne Google Maps auf dem Handy, kein Kunststück war. Zwei alte Herren haben mich hilflos dastehen sehen und gefragt, ob ich Hilfe brauche. Ehrlich gesagt weiß ich nicht mehr, wie ich mich erklärt habe, denn mein Türkisch war zu dem Zeitpunkt noch sehr rudimentär, aber ich hatte den Namen der Straße, in der ich wohnte, aufgeschrieben und zeigte ihnen den Zettel. Daraufhin haben sie mich mit dem Auto durch die Straßen von Üsküdar, einem Stadtteil mit mehreren Millionen Einwohner:innen gefahren, bis ich endlich »Stop!« gerufen habe. »Mashallah!« – »Gott sei Dank!«, war die Antwort, ich wurde höflich verabschiedet und konnte in meine Wohnung gehen.

Mit dieser alltäglichen, religiös-traditionellen Freundlichkeit sind mir viele Menschen begegnet: Der Kioskbesitzer hat selbstverständlich das Wasserfass bis zu meiner Wohnungstür heraufgetragen, weil Frauen das nicht tun sollen. Unterwäsche wurde nur in der Wohnung aufgehängt, um niemanden zu irritieren, der die Wäscheleinen draußen sieht. Die von der Arbeit gebückten Frauen in der öffentlichen Küche an der Ecke haben mich mit Essen vollgestopft, während ich jeden Tag bei ihnen saß und die türkische Küche in ihrem Facettenreichtum kennengelernt habe.

Und manchmal haben sie und andere Nachbarn hinter meinem Rücken zu meiner türkischen Mitbewohnerin gesagt: »Sie ist so nett. Wann wird sie endlich Muslima?«

Ich musste schmunzeln und zugleich war ich irritiert. Die Leute wussten doch, dass ich Christin bin. Erst später habe ich verstanden, dass mich niemand ernsthaft dazu bringen wollte, zu konvertieren und Muslima zu werden. Es war eher ein Kompliment, hinter dem ein einfacher, liebenswürdiger Gedanke liegt: Ein guter Mensch soll zur eigenen Religionsgemeinschaft dazugehören, die man für das beste Zuhause für gute Menschen hält.

So eine Haltung kenne ich in Deutschland nur noch bei meiner Oma. Als sie hörte, dass der neue Freund meiner Schwester evangelisch ist, hat sie gesagt: »Na ja, das kann ja noch werden!«

Faszinierend finde ich daran, dass diese Menschen eine tiefe Überzeugung in sich tragen, dass es bei ihnen in der Religion oder Konfession einfach am schönsten ist. Ein sehr natürlich wirkender Missionsgedanke steckt da drin, was mir sympathisch, aber fremd ist.

Niemals käme ich auf die Idee, anderen Menschen so aktiv (und etwas naiv) das katholische Christentum anzubieten.

Jahre später habe ich das sehr stark gemerkt. Mitten in der katholischen Kirchenkrise und dem schleichenden Prozess meines katholischen Obdachloswerdens hat mich eine Frau gebeten, mit ihr über das Katholischwerden nachzudenken. Wir haben einige Monate lang alle paar Wochen ganz ergebnisoffen darüber gesprochen, ob sie der katholischen Kirche beitreten soll. Sie war evangelisch getauft, aber religiös gesehen sehr ungebunden.

Als wir angefangen haben zu reden, gab es für sie keinen einzigen Grund, überhaupt darüber nachzudenken, in diese Kirche einzutreten. Unser Bild nach außen ist einfach katastrophal.

Und sie hat mir nennenswerte besondere Fragen gestellt: »Was für einen Unterschied würde es machen, wenn ich in der Kirche wäre?«»Was hätte ich davon?«»Was hätte die Kirche davon?« Ganz ehrlich: Ich habe geschwitzt. Denn die einfachste Antwort wäre gewesen: »Bleiben Sie einfach weg! Der Laden ist am Ende!« Am liebsten hätte ich die Gespräche schon abgebrochen, bevor wir begonnen hatten.

In den Gesprächen hat sich dann etwas für mich herausgestellt, das mich im katholischen Christentum hält.

Zu Beginn dieses Kapitels habe ich es schon beschrieben: Ich schätze an meiner Religion die Trinität. Zwar richtet sich jede Religion mit einem oder mehreren Göttern an höhere Wesen. Aber ich empfinde das theologisch ausgefaltete Konzept eines Wesens in drei Personen als sowohl herausfordernd, aber auch beglückend. Dieses In-Beziehung-Sein ist Teil des Wesens Gottes, und deshalb ist für mich besonders glaubwürdig, dass Gott auch mit uns Menschen in Beziehung sein will. Dass er kein reines Gegenüber, sondern ein mitliebender, mitfühlender, mitleidender Gott ist.

Und an dieses Wesen in seinem expliziten Beziehungswillen richte ich Bitten und Dank, dieses Wesen weiß um meine Freude und Wut, um meine Hoffnung und Zweifel.

Diese Ausrichtung, dieses Mitwissen, Mitgehen des göttlichen Wesens in seiner herausfordernden Gestalt, das hat eine ganz besondere Qualität für mich. Ich bete, bitte und danke differenziert – gerichtet an eine oder alle drei Personen in dem einen Wesen. Und davon profitiere ich.

Das Wesen Gottes ist das eine. Daneben liegt etwas, das manche vielleicht belächeln, das ich aber sehr ehrlich formulieren kann: Der religiös-rituelle Rahmen für Krisen, Glück und Veränderung ist für mich persönlich wertvoll und aus meiner wissenschaftlichen Haltung heraus zentral.

Als Religionswissenschaftlerin habe ich mich, wie beschrieben, viel mit Konversionen beschäftigt. Der Wechsel einer Religion ist mit vielen Ritualen verbunden. Und jeder Lebensübergang in der Regel auch. Das Buch *Übergangsriten (Les rites de passage)* von Arnold van Gennep war ein zentrales Werk in meinem Studium und der Zeit danach, um das zu lernen.

Ich glaube an die Kraft von Ritualen. Für mich und für andere. Während Rituale in allen Religionen eine Rolle spielen, sind es die christlich-katholischen, in denen ich zu Hause bin. Hier kennt sich mein Herz aus, auch wenn ich das ein oder andere nicht nachvollziehen kann.

Ich möchte mir da nichts vormachen, nicht so tun, als ob ich rein rational auf meine Religiosität schaue. Mein Katholischsein ist sehr stark von Sinnlichkeit geprägt: Die haptischen kleinen Rituale wie das Bekreuzigen mit Weihwasser am Kircheneingang, das Händereichen beim Friedensgruß, aber auch der Geruch von Weihrauch und der fade Geschmack von Hostien spielen in meiner Spiritualität eine zwar oft wenig bewusste, aber sehr zentrale Rolle. Ich liebe den Pomp in katholischen Gottesdiensten, vor allem bei den Hochfesten. Die große Show. Besonders in der Osternacht. Das Exsultet. Die Orgel. Das Entzünden von Kerzen, die Stück für Stück den Raum erhellen. Den Weihrauch im ganzen Kirchenraum. Auferstehung mit all dieser Mystik, mit Musik, Licht und Duft zu feiern, Auferstehung auf diese Weise sinnlich erfahrbar zu machen, ist einfach der Hammer.

Wenn ich auf das schaue, was ich in Liturgien mein Leben lang immer wieder erlebt habe, dann schaue ich auf eine tiefe Geborgenheit im Ritual. Ich habe intensive mystische Erfahrung in Gottesdiensten erlebt, ich habe mit Selbstverständlichkeit sonntags beim Kyrie ein paar Tränen vergossen, über alles, was mir in der Woche einfach nicht gut gelungen war. Die Rituale, im Kleinen und Großen, haben mir ermöglicht, einen wahnsinnigen Facettenreichtum von Gefühlen, alle Hochs und Tiefs, alle Verluste auf ganz natürliche und freundliche Weise in mein Leben zu integrieren.

Und dabei konnte ich viele Jahre meines Lebens davon profitieren, dass ich weder Theologin noch Kirchenmitarbeiterin war. Erst in den letzten zehn Jahren, seit ich Stück für Stück tiefer in das System hineingewachsen bin, ist es mir schwerer geworden, mich in Gottesdiensten fallen zu lassen. Zu oft wusste ich etwas Unfriedliches über den, der zelebriert, oder über die, die sich fromm beim Friedensgruß die Hände reichen. Manche dieser Gottesdienst-Gemeinschaften waren für mich deswegen zu intim, um mich in Ruhe mit Gott zu verbinden.

Aber bis heute laufen mir Tränen herunter, wenn ich doch mal wieder in einem Gottesdienst bin, bei dem alles in mir aufgehoben und angenommen ist.

An den Tränen merke ich: Das Ritual, die katholische Liturgie, sind nicht nur Heimat, sondern auch mein Zuhause, nach dem ich mich schrecklich sehne. Ich vermisse das Gottesdienstfeiern, ich vermisse die Formeln. Und das tue ich in einer großen Ambivalenz, denn ich kann meinen Kopf, meine Kritik an der Institution, an der Ungerechtigkeit, Menschenverachtung und Rückschrittlichkeit nicht ausschalten. Das heißt: Ich vermisse meine liturgische Heimat, in der ich gern wieder aufgehoben wäre, und weiß zugleich, dass aus der Sehnsucht keine Naivität, kein Stillschweigen, kein Akzeptieren der Zustände erwachsen darf.

Das Ritual wäre nicht so kraftvoll für mich, wenn dahinter nicht etwas Kluges liegen würde. Wenn ich es so einfach formulieren darf, wie ich es meiner Gesprächspartnerin gesagt habe: »Auferstehung,

Liebe und Freiheit sind einfach die genialsten Konzepte, um ein Leben lang voller Mut zu bleiben.«

In dieser Sache habe ich mich der Frau gegenüber auf dünnes Eis begeben, denn ich habe nie Theologie studiert. Aber ich lebe mit einem katholischen Theologen zusammen. Und vieles von dem, was ich von der katholischen Theologie verstanden habe, resultiert aus Gesprächen am Küchentisch.

Mein zentrales Verständnis ist: Wir Katholik:innen haben das (für mich!) beste Konzept für komplexes, vielschichtiges Leben – durch die Auferstehung und das Gottesbild eines liebenden Gottes, der uns in die Freiheit gesetzt hat.

Auferstehung ist für mich das zentrale Leitmoment dafür, verzeihen zu können: anderen und mir selbst. Auferstehung – oder wie mein Mann sagt: Auferweckung – bietet mir die Möglichkeit, auf Tiefen, auf Verluste zurückzublicken und wahrzunehmen: Da bist du mit Gott durchgegangen. Er hat sich auf deine Abgründe eingelassen. Und er begleitet dich auch wieder hinaus. Du kannst neu beginnen. Immer wieder.

Dieses einfache Bild hat mich durch vieles in meinem Leben hindurchgetragen, und ich gehe sehr gelassen damit um, die Auferstehung nicht in all ihrer theologischen Komplexität erklären zu können. Das können andere, mit anderen Worten. Was ich verstanden habe, ist: Die Auferstehung ist eine Hoffnungszumutung, alles kann wieder gut werden. Dazu braucht es mich, den freien Menschen, und Gott, der mich liebt.

Wenn ich an Gott denke, denke ich an einen liebenden – keinen lieben – Gott. Einer, der so sehr liebt, dass er uns freisetzt, die eigenen Wege zu gehen – nicht determiniert, nicht vorgeplant, nicht festgelegt.

Und diese Freiheitstheologie – die die Interessierten unter anderem genauer bei Thomas Pröpper nachlesen können – ist für mich etwas Spezifisches am Katholischsein. Gott bestimmt mich nicht vor. Er entscheidet nicht über mich hinweg. Er macht mich sogar so frei, dass ich mich gegen ihn entscheiden kann. Auch das geht er in liebevoller Begleitung mit, ohne seine Macht zu gebrauchen, um mich umzustimmen. Was für ein Gedanke! Was für ein Gottesbild – ein Gott, der die Macht hätte, alles zu bestimmen, der sich aber aus Liebe dazu entscheidet, die Menschen freizulassen. Einer, der sich anzweifeln lässt. Er wirbt um mich, er zwingt mich aber nicht.

Mir ist klar, dass dieser Freiheitsgedanke, dieses Freilassen eine Zumutung ist – zum Beispiel wenn Menschen ihre Freiheit dazu nutzen, andere zu unterwerfen, ihnen Gewalt anzutun und sich selbst zu erhöhen.

Aber ich glaube auch daran, dass Gott dieses Verhalten schmerzt, und dass er sich an denen freut, die mit ihrer Freiheit Wachstum und Liebe ermöglichen. Denn mein Bild von Gott ist genau davon geprägt: Dass er Wachstum und Liebe für uns will.

Und ganz manchmal stelle ich mir auch vor, wie Gott schmunzelnd zusieht, wie der Heilige Geist gerade in der katholischen Kirche wirkt: Wie er das Gewohnte aus den Angeln hebt, wie er die Menschen zum Aufbegehren gegen das Ungerechte ermutigt, wie er die mündigen Christ:innen zu ihren kreativen Veränderungsimpulsen inspiriert. Und Gott sieht in meiner Vorstellung zu und denkt: »Ja, so war das gemeint mit der Freiheit.«

Mit meiner nicht-katholischen Bekannten habe ich das und vieles weitere besprochen. Und wir haben an unseren jeweiligen Leben entlang festgestellt, dass diese Seiten des Katholischen wirklich eine enorme Kraft haben.

Bei diesen Gesprächen habe ich aber auch gemerkt:

Katholischsein besteht nicht nur aus Höhepunkten. Im Gegenteil sogar. Es besteht – wie viele Beziehungen, wenn Sie mich fragen – aus einem Konglomerat von krassesten Höhen, von überbordenden

Hochgefühlen und tief enttäuschenden Tälern, peinlichen Fratzen des kirchlichen Gesichts. Ich könnte der Frau unglaublich viele Beispiele von menschlichem und systemischem Versagen in der katholischen Kirche beschreiben. Und einige davon habe ich ihr auch erzählt und in diesem Buch schon angedeutet. Denn ich möchte ein ehrliches Bild dieser Kirche zeichnen.

Mein Katholischsein hat eine Tiefe, die mich unglaublich viel ertragen lässt – ich kann zwar nicht mehr so ungezwungen die Liturgie genießen wie früher, aber ich weiß, warum ich katholisch bin.

Mein Katholischsein ist, religionswissenschaftlich distanziert betrachtet, vielleicht ein Zufall durch die Geburt in eine katholische Familie. Aber für mich persönlich ist es biografisch ein Glücksfall, wenn auch ein herausfordernder.

Auf der Straße Wenn wir bei den Schwiegereltern in Berlin sind, gehe ich morgens oft mit den Kindern zum Bahnhof: Züge gucken. Regionalzüge, ICEs, S-Bahnen. Und wenn alle anderen noch schlafen, nehmen wir beim Bäcker Milchhörnchen und Kaffee mit und sitzen eine Weile auf dem Bahnsteig.

Einmal haben wir sehr lange gestanden, und zwar vor dem Bahnhof. Eine junge Frau war der Grund. Sie hat den ganzen Morgen mit ihrer Geige Musik gemacht. Ich habe zu wenig Ahnung von klassischer Musik, aber es waren total bekannte, sentimentale Melodien, und meine Kinder und ich waren einfach hingerissen.

Und dann ist etwas passiert, das sich mir noch mehr eingeprägt hat als die Musik.

Eine ältere Frau ist vorbeigekommen, ziemlich kräftig, in einem rosafarbenen Jogginganzug, sie hatte Pantoffeln an, mit weißen Puscheln vorne drauf.

Sie ist vor der Geigerin stehen geblieben – als ob dort eine Bühne wäre – und: Die rosafarbene Frau hat begonnen zu tanzen.

Minutenlang hat sie sich mitten auf dem Gehweg zur Musik gewiegt, hin und her, keiner hat sie beachtet.

Nur wir waren da: zwei Kleinkinder, ich, die Geigerin – und die rosafarbene Tänzerin. Und ich war einfach wahnsinnig fasziniert.

FLASHMOBS
Über Musik und Begeisterung

Ich liebe Flashmobs, am liebsten mit klassischer, bombastischer Musik, die in der Mitte einer Fußgängerzone losbricht, ohne dass die Menschen damit gerechnet hätten, und die alle umhaut, die sie sonst niemals gehört hätten, weil sie weder ins Konzert noch in die Oper gehen. Und obwohl ich Flashmobs liebe, bin ich erst einmal selbst in einen hineingeraten. Auf dem Rückweg aus dem Urlaub haben wir an einem Hafen Pause gemacht und sind geradewegs auf eine Menschentraube zugelaufen: Eine kleine Gruppe mit Blasinstrumenten und einem Sänger hat etwas aus der *Zauberflöte* zum Besten gegeben, zumindest sah es zuerst so aus. Aber dann haben sie eine vermeintliche Passantin zum Tanz aufgefordert – und sie hat begonnen zu singen. Genau das war der Flashmob-Moment: Sie war offensichtlich doch keine Passantin, denn sie begann eine der schwierigsten Passagen aus der *Zauberflöte* vorzutragen, in einem kristallklaren, fantastischen Sopran. Das Überraschende des Moments, das Berührende der Musik, das Besondere im Alltäglichen hatten mich sofort gefangen. Es war ein stilles, begeistertes Jubeln in mir.

Weil Flashmobs ja nicht alle Tage in meinem Leben vorkommen, schaue ich mir immer mal wieder Videos davon an: in U-Bahnen, Einkaufszentren oder Innenstädten entsteht durch Musik plötzlich etwas, das Menschen fasziniert.

Ich kann oft stundenlang dabei stehen bleiben, und glücklicherweise habe ich kleine Kinder, denen es genauso geht. In der Regel
muss ich weinen, und zwar nicht, weil ich so naiv bin, sondern weil
die Musik mein Innerstes berührt. Musik verbindet Menschen tief
mit sich selbst, mit ihrer Sehnsucht, manche (wie mich) auch mit
ihrem Glauben. In vielerlei Hinsicht.

Eines der intensivsten Heimatgefühle, die ich mit dem Katholischsein verbinde, spüre ich, wenn ich Musik höre. Unwillkürlich,
manchmal sogar unfreiwillig, fühle ich mich aufgehoben und angenommen, bei den Liedern, die ich schon lange kenne, bei denen, die
mir in einer bestimmten Lebensphase viel bedeutet haben, oder bei
denen, die ich im kirchlichen Kontext nicht erwartet habe, die mich
aber perfekt abholen.

Musik verändert jede Situation: Sie unterbricht den rationalen
Rhythmus, sie berührt das Gefühl. Und weil sie das tut, ist sie selbst
für Demenzkranke, Gehörlose und Menschen mit anderen Beein-
trächtigungen berührend, belebend oder beruhigend.

Die Kraft von Musik erscheint mir bisweilen überirdisch, nicht
nur bei Flashmobs. Als ob Gott sich einfach zeigen will, in all seiner
Pracht. In Diskussionen um die Musik bei Firmungen, Hochzeiten
und Taufen habe ich allerdings immer wieder erlebt, dass es nicht
die entfaltete Kraft ist, um die es geht, sondern um die Konformität
der Musik. Da wurden Lieder akribisch auf unpassende Textzeilen
untersucht, es wurde kategorisch alles abgelehnt, was nicht im *Gotteslob* steht, oder als einzig mögliches Instrument die Orgel bestimmt.
Solche Regeln werten die Realität von vielen Menschen ab. Natürlich
ist es sinnvoll, den Gästen eines Gottesdienstes von Liedern, die menschenverachtend sind, abzuraten bzw. diese nicht zuzulassen. Aber
wäre es nicht möglich, die Liturgie so zu erklären, dass die Musikauswahl den Geschmack der Menschen trifft und zum liturgischen
Element passt? Wie viel würde das Katholische gewinnen, wenn Got-

tesdienstgestaltung und Musikauswahl kein Anlass für Reglement, sondern für Übersetzung des Glaubens in die religiöse Realität der Menschen wäre?

Ich kenne genau ein Gottesdienstformat, in dem das kategorisch so gedacht wird. Es ist eine Feier in Aachen, die sich einmal monatlich an Menschen richtet, die sich in anderen Gottesdiensten nicht mehr wohlfühlen, also im besten Sinne schon lange obdachlos katholisch sind. Die wenigen Male, die ich dort gewesen bin, haben mich vor allem musikalisch sehr erstaunt. Denn das Team sucht die Musikbeiträge der eingeladenen Band anhand des Themas aus. Das Gotteslob, aus dem ich sehr gern singe, bleibt in den Regalen. Die ausgesuchten Liedtexte werden zum Teil an die Leinwand projiziert, damit Menschen mitsingen können, wenn sie wollen. Sie müssen aber nicht. Musikalisch ist es eher Pop. Liedtexte schaut sich das Team vorab genau an, zum Beispiel wenn es Lieder aus dem englischsprachigen Lobpreis-Kontext sind. Denn diesen Menschen ist total wichtig, dass weder das Gottesbild zu einfach noch das Menschenbild zu exklusiv ist. Sie wollen niemanden vor den Kopf stoßen, aber die Gäste musikalisch berühren. Die Organisator:innen haben ihre Zielgruppe eben auch bei der Liedauswahl genau im Blick: zu den Gottesdiensten kommen Menschen, die eine große Sehnsucht verspüren, aber mit den üblichen Gemeindeangeboten nicht (mehr) zurechtkommen und sich deshalb oft seit Jahren von der Kirche abgewendet haben.

Was mich daran sehr bewegt, ist die Tatsache, dass den Besucher:innen diese »anderen« Bedürfnisse nicht als sonderbar, anders oder herausfordernd gespiegelt werden – nein, es ist völlig selbstverständlich, dass das Team von seinen »Kund:innen« aus denkt und überlegt, was diese brauchen.

Bei meinen Besuchen in Aachen war ich ganz verblüfft, was Popmusik – wenn sie klug und passend ausgewählt ist – für religiöse

Kraft entfalten kann und wie nah diese Musik meinen alltäglichen Musikgewohnheiten ist.

Leider ist das Aachener Format die Ausnahme, nicht die Regel. Die Kirche verpasst hier an vielen Stellen diese Chance, als realitätsbezogen erkannt zu werden. In den Genuss, die kirchliche Musik aus dem persönlichen Alltag zu kennen, kommen heutzutage fast nur Klassikliebhaber:innen, die zu Hause die wunderbaren religiösen Kompositionen für Chor oder Orgel hören und diese dann im Gottesdienst oder einem Kirchenkonzert wiederentdecken. Das Problem ist nur: diese musikalische Hochkultur entspricht nur wenigen Geschmäckern.

Stellen Sie sich nur vor, mehr Menschen würden Lieder im Radio oder bei ihrem Streamingdienst hören, die sie in einem besonderen Gottesdienst auch hören können. Dadurch wäre ein Bezug in den Alltag gesetzt, eine sinnliche, weil gehörte Körpererinnerung zwischen Liturgie und Lebenswirklichkeit platziert. So wie beim Flashmob am Hafen: Mozarts *Zauberflöte* ist ab jetzt *immer* mit dieser musikalischen Überraschung am Hafen, mit der Pause, mit dem Urlaub, mit meiner Familie, meinen Lieben verbunden. Ich glaube, Musik könnte auch in anderen Kontexten eine neue Verbindung stiften, zwischen der menschenfreundlichen Botschaft, die das Christentum mitbringt, und der alltäglichen Sehnsucht, die die Menschen umtreibt.

Aber es sind nicht nur Flashmobs, das Radio und die Nähe zu meinem musikalischen Alltag, mit denen man mich und vermutlich viele andere Katholik:innen musikalisch gewinnen kann. Es gibt auch noch die großen katholischen »Schlager«, die sich tief in mein Körpergedächtnis eingeschrieben haben.

Das merken Sie an Folgendem: Während ich dieses Kapitel schreibe, drängt sich meinem Ohrwurm-Ohr ein lautes »Glo-o-o-o-o-o-o-...-ria, in excelsis deo« auf – bei 20 Grad und Sonnenschein sitze ich im Garten, schreibe, arbeite, aber trotzdem: Es ist einfach da. Das weihnachtliche *Gloria*, das ich spontan gerade schmettern möchte, was ich mich hier, unter den Ohren der Nachbarn, aber dann doch nicht traue. Lieder wie dieses gibt es eine Vielzahl in mir, sie klingen manchmal völlig aus dem Nichts in mir auf. Ich will singen! Und bin gleichzeitig enttäuscht, dass ich sie so lange nicht mehr in Gemeinschaft geschmettert habe.

Das obdachlose Katholischsein enthält einen tiefen musikalischen Frust. Weil meine Wut über die Institution und meine Enttäuschung über schlechte Gottesdienste oder Eucharistiefeiern, in denen ich mit meinen Kindern zu sehr störe, dafür sorgen, dass ich in den Genuss von gemeinsamem Singen kaum noch komme. Meine Vermutung ist: Viele von uns obdachlosen Katholik:innen kennen das. Denn die Musik hat uns ja nichts getan. Sie fehlt mir! Genauso wie mir viele andere liturgische Elemente fehlen. Früher habe ich jeden Sonntag beim Kyrie alles Misslungene der Woche verabschiedet, heute fehlt mir dieses Ritual schmerzlich. Und neue, einfache Rituale sind noch nicht in Sicht.

Die Musik in mir, auch wenn das wenig rational ist, ist auch einer der Gründe, mich nicht von meiner Konfession abzuwenden. Musikalisch bin ich so überaus verwoben mit den katholischen Gassenhauern, mit dem *Gotteslob*, mit so manchem aus dem »Neuen Geistlichen Liedgut«, das schon längst gar nicht mehr so neu ist. Die katholische Playlist in mir lässt sich nicht löschen – die Lieder lösen etwas in mir aus, das nicht der Kopf bestimmt. Ich spüre das ganz stark, wenn ich ausnahmsweise in einen Gottesdienst gehe, und mich das katholische Liturgietreiben sofort trifft. Nicht selten stehen mir wütend-sehnsüchtige Tränen in den Augen – weil ich das alles so sehr vermisse. Das Problem ist nur: Ich kann die Kritik und den inneren Ärger über die Situation in der katholischen Kirche nicht verdrängen. Und weil ich das nicht kann, kann ich mich in Gottesdiensten nicht mehr einfach den musikalischen und liturgischen Elementen hingeben, wie früher.

Die Musik bleibt ein Sehnsuchtsort, für den ich keine Lösung finde.

Nur in ganz wenigen Momenten habe ich in den letzten Jahren dafür eine Nische entdeckt, zum Beispiel als wir während der Pandemie begonnen haben, als Hausgemeinschaft Gottesdienste im Treppenhaus zu feiern.

In der Osternacht 2020 sind wir mit dem Osterlicht vom Garten durch den Keller nach oben gezogen. Als mein Nachbar, der Diakon, das »Lumen Christi« im Keller angestimmt hat und wir mit einem »Deo Gratias« geantwortet haben, da ist dieser Keller verwandelt worden. Seitdem wird er nie mehr nur der zugerümpelte Ort sein, der er vorher im Alltag gewesen ist. Und das lag an dem Gemisch, das sich aus Musik, Licht, Glaube und Wunder zusammensetzt, an dem sicheren Gefühl, dass Gott präsent ist, wo wir ihn jetzt gerade in diesem Moment mit diesem Lied feiern.

Das musikalische Sehnen, das Hin- und Hergerissensein, das scheint nicht nur zu mir zu gehören. Ein Freund von mir, der damit ringt, aus der Kirche auszutreten, hat in einer Mischung aus Erstaunen und Ärger zu mir gesagt, dass »sie ihn immer noch kriegen«. *Großer Gott, wir loben dich* und er sei voll dabei. Dabei wolle er gar nicht mehr dabei sein, emotional gesehen. Und trotzdem: Die Musik reißt ihn mit. Und er hat mich gefragt: »Was hat die Kirche gemacht, als die Pandemie begonnen hat? Sie hat das Singen verboten. Sie ist nicht auf die Idee gekommen, dass Singen als das zentrale Element, das den Leuten Kraft gibt, unbedingt zu erhalten, und dafür die Gottesdienste nach draußen zu verlegen, nein, sie hat ihre Rituale, ihre Form erhalten wollen!« Er war stinksauer.

Ich merke: Auch bei mir ist es so wie bei dem Freund, der austreten will: Mit Musik kann man mich kriegen – und ich will mich auch kriegen lassen, denn die Musik ist Teil meines katholischen Ichs, Teil meiner religiösen Seele. Ihr Potenzial, in einer großen Bandbreite Vielfalt und Menschenfreundlichkeit stärker zu entfalten, das wünsche ich mir einerseits für meine Kirche sehr, andererseits steht mein rationales, kritisches Ich daneben und sagt: »Die Musik darf dich aber nicht über die Verfehlungen hinwegtäuschen.« Mein musikalisches Ich antwortet: »Ja! Aber sie darf mich hin und wieder darüber hinwegtrösten.«

Auf der Straße Schnell, bevor ich in den nächsten Zug steige, will ich mir etwas zu essen holen. In der Schlange vor dem Fastfood-Schalter bin ich nicht allein. Ein Mann nennt mich »Engel«. Er ist betrunken, riecht auch entsprechend und tritt nah an mich heran. Ich weiche zurück, so weit ich kann. Er spricht lauter: »Warum gehst du von mir weg, Engel? Was hast du gegen mich? Was ist dein Problem?« Mich packt die Angst, um mich herum stehen Leute. Es scheint ihnen nicht so viel auszumachen wie mir.

Ich sage ganz leise: »Ich möchte das nicht. Bitte.«

Der Mann wird wütend. Eine Mitarbeiterin des Ladens drängt ihn von mir weg. »Hausrecht«, sagt sie. Er tritt wenige Schritte zurück – raus aus dem Thekenbereich, hinein in die Bahnhofshalle.

Ich fühle mich entsetzlich, klein und hilflos.

ANGST

Über die hässlichste Fratze der Kirche

Jede Frau kann Ähnliches erzählen: In der Bahn begrapscht, auf dem Nachhauseweg verfolgt, sexistisch beleidigt oder in Besprechungen ignoriert. Die wenigsten erzählen diese Geschichten mutig, mit stolzgeschwellter Brust, die meisten erzählen sie gar nicht, oder sehr leise – ihren Freundinnen, versehen mit einem »Pass auf dich auf, wenn du gleich nach Hause gehst und schreib mir, wenn du gut angekommen bist.«

Gewalt – egal in welcher Form – lässt niemanden kalt. Leider sind all diese Erfahrungen auch an mir nicht vorbeigegangen. Aber ich spreche kaum darüber. Weil darüber sprechen, dass man Gewalt erlebt hat oder etwas als Gewalt empfunden hat, in Rechtfertigungsdruck bringt. Nur bei wenigen, handfesten Übergriffen traue ich mich, selbstbewusst zu sagen, was mir passiert ist. Und selbst hier schwingt die innere Frage mit: »Hättest du dich nicht besser schützen können?« Bei den vielen kleinen Grenzüberschreitungen kommt die Angst hinzu: »Halten mich die anderen für hysterisch? Nehme nur ich das jetzt als problematisch wahr oder war es wirklich nicht okay?«

Gefühle und Selbstanfragen dieser Art begleiten jede Form von Gewalt- oder Diskriminierungserfahrung. Und zwar nicht nur dann, wenn das Erlebte objektiv als Gewalt oder Diskriminierung anerkannt ist, sondern auch, weil solche Erlebnisse des Erniedrigtwerdens oft psychische Folgen haben.

Besonders häufig sind Selbstzweifel, Schuldzuweisungen gegen sich selbst, Abwertung oder Misstrauen gegenüber den eigenen Gefühlen, der eigenen Intuition.

Diese Gefühle und Erfahrungen werden potenziert, wenn sich ein Mensch anderen gegenüber offenbart – und kein Gehör erfährt, sich nicht ernst genommen fühlt oder – noch schlimmer – wenn der Person nicht geglaubt wird.

Gewalt und Diskriminierung sind keine individuellen Probleme derjenigen, die sie erfahren, sondern es sind gesellschaftliche. Und im Raum der Kirche sind es katholisch-systemische Probleme.

Strukturell betrachtet ist die katholische Kirche sexistisch, denn sie wertet – aus der Tradition herleitbar oder nicht – ein Geschlecht auf und alle anderen ab. »Keine weihebare Materie« hat mal ein Kollege von mir über Frauen gesagt. Er meinte das zynisch, uns beiden blieb das Lachen im Hals stecken. Dieser Sexismus zeigt sich nicht nur in gläsernen Decken, sondern auch in einer unsäglichen Vielzahl von alltäglichen, oft weltfremden Vorstellungen, wie weibliche Kolleginnen zu sein haben: nicht anstrengend, nicht fordernd, nicht klar, nicht emotional (aber empathisch), nicht laut, nicht auffällig, auf angenehme Weise anpackend – alles in allem also, ohne zu stören.

Das Gleiche gilt für queere Menschen, zumindest da, wo sie offen zeigen dürfen, dass sie nicht heterosexuell lieben: Seid bitte bürgerlich, angepasst, nicht zu schrill – auch optisch – und verständig.

Die Kirche ist sexistisch und sie diskriminiert die Abweichung von der Norm. Und zwar an allen Ecken und Enden. Und das ist eines ihrer größten Probleme. Denn es löst gleich mehrere Folgeprobleme aus.

Zum einen verschlechtert sich der Ruf der Kirche, egal wie viele gute, menschenfreundliche Worte in einzelnen Situationen gesprochen werden: Eine schlechte Erfahrung wiegt zehn gute auf. Einfache Psychologie. Ein Erzbischof, der katastrophal »regiert«, reicht, um den Ruf weiter zu ruinieren – auch wenn drumherum neun andere versuchen, ihre Sache gut zu machen.

Zum anderen leidet die Glaubwürdigkeit. Denn wer das eine – Nächstenliebe – predigt, aber das andere – Abwertung – tut, macht sich unglaubwürdig und muss sich nicht wundern, die Menschen zu verlieren. Glaubwürdigkeit hat mit Glaubhaftigkeit zu tun, und die wiederum steht der Wahrhaftigkeit nahe.

Die Vertuschung und Verharmlosung sexualisierter Gewalt sorgt für einen exzeptionellen Glaubwürdigkeitsverlust – zuerst gegenüber den von der Gewalt betroffenen Personen, aber inzwischen auch längst in der ganzen Gesellschaft.

Was hat das mit der Angst von Frauen und Minderheiten vor Gewalt zu tun?

In der Kirche wird Menschen durch die strukturelle Diskriminierung Gewalt angetan. So möchte ich das nennen. Ich weiß, Gewalt ist ein großes Wort, aber ja: Für mich sind viele der Erfahrungen, die Menschen in der Kirche gemacht haben, als Gewalt zu bezeichnen.

Wikipedia sagt dazu: »Als Gewalt (von althochdeutsch *waltan* ›stark sein, beherrschen‹) werden Handlungen, Vorgänge und soziale Zusammenhänge bezeichnet, in denen oder durch die auf Menschen, Tiere oder Gegenstände beeinflussend, verändernd oder schädigend eingewirkt wird.«

Das aus meiner Sicht häufigste Vergehen im Zusammenhang mit Sexismus, Erniedrigung und Diskriminierung in der Kirche ist die psychische Erschütterung, die zum Teil schwere Folgen für die betroffenen Menschen hat. Und dabei ist völlig egal, ob es eine Frau ist, die sexistisch beleidigt wird, ein Mann, der sein Leben und seine Beziehungsgeschichte im Annullierungsverfahren bis auf die Unterhose entblößen muss, damit die Ehe kirchenrechtlich auflösbar ist, oder ob es eine Transperson ist, die ihr Studium der Katholischen

Theologie abbricht, weil man ihr zu verstehen gibt, dass sie niemals als Lehrperson tätig sein wird.

Die emotionalen Folgen spielen eine tiefgreifende Rolle für die Menschen. In der Regel lösen die als gewaltvoll empfundenen Erlebnisse Stressreaktionen und Verunsicherung aus. Stress und Verunsicherung können angetriggert werden, wenn später ähnliche Situationen entstehen, und halten noch lange nach dem Erlebnis an.

Was bedeutet das alles eigentlich ganz konkret? Es bedeutet, dass die katholische Kirche systematisch – durch ihr Bestehen auf ihre Normen – in Kauf nimmt, Menschen zu erschüttern, zu verstören, zu verunsichern.

Genau: Die Kirche, die von Gottes Ebenbildlichkeit des Menschen spricht, die den Menschen unbedingte Liebe zusagt, die Kirche, die Heilung predigt und unter deren Dach so viele Menschen Heilung suchen – diese Kirche nimmt in Kauf, Menschen zu erniedrigen, um ihrer Regeln und Normen willen.

Wenn das keine Paradoxie ist.

Ist es denn nicht das Naheliegendste, dass Gott uns für unser Leben das Allerallerbeste wünscht?

»Du musst beginnen, daran zu glauben, dass du mehr als das bloße Minimum verdienst.« Der Satz hat mich völlig umgehauen, als ich ihn bei Instagram gelesen habe. Weil er so viel mit dem zu tun hat, was ich empfinde. Warum ist es nicht okay, okay zu sein? In aller Diversität und mit allen Makeln, die ich habe? Obwohl ich von der Norm abweiche und obwohl ich vielleicht nicht in jedes Raster und in jeden Standard passe? Warum sind wir keine Großmacherkirche? Obwohl wir doch ein großmachendes Menschenbild haben? Warum wird die Institution Kirche ihrem katholischen, allumfassenden Anspruch nicht gerecht?

Ob ich dieses Buch schreibe, um meine eigene Geschichte zu verarbeiten, hat mich jemand gefragt. »Jein«, würde ich sagen.

Natürlich bin auch ich in der Kirche in manchen Situationen verletzt worden, so ziemlich jeder Mensch ist das. Das ist die erschreckende Normalität. Und die ist falsch. Normal sollte sein, dass die allermeisten unverletzt oder noch viel besser bestärkt und größer gemacht aus der Kirche heraustreten, jeden Sonntag und über die ganze Woche hinweg. Das müsste der Anspruch sein, der mit Taten gefüllt und Tag für Tag überprüfbar bewiesen wird.

Es wäre das einfachste Feedback, das sich die Kirche bei all ihren Angeboten, ob liturgisch, karitativ, seelsorgend von Menschen abholen könnte. Die Frage würde einfach nur lauten:»Geht es Ihnen besser, seit Sie bei uns waren?« Oder von mir aus:»Fühlen Sie sich bestärkt? Ermutigt? Unterstützt? Getragen? Aufgehoben? Angenommen? Von Gott geliebt?« All diese Faktoren, die einfach nur anzeigen, ob unsere Angebote menschenfreundlich sind, könnte man mit einfachen Fragen überprüfen. Und wenn die Menschen nicht mit»Ja« antworten, müsste das Angebot verbessert werden.

Die Frage kann sich auch jede:r Seelsorgende, jede:r Anbieter:in von wie auch immer gearteten Hilfen, Dienstleistungen und Services in der Kirche stellen:»Geht es den Menschen besser, wenn ich so handle, wie ich es tue oder getan habe? Und wenn ja, woran könnte ich das erkennen?«

»Geht es Ihnen besser, seit Sie bei uns waren?«

An dieser Frage würde jedes erniedrigende Annullierungsverfahren scheitern, jede arbeitsrechtliche Diskriminierung, jede Normierung der Andersartigen. Sexualisierte Gewalt und ihre Vertuschung wären dann nicht mehr möglich – wenn die Kirche sich radikal dazu entscheiden würde, auf das allgemeine»Ja« als Antwort auf diese Frage hinzuarbeiten.

Heraus käme eine Kirche ohne Angst, ohne Diskriminierung, ohne Gewalt. Heraus kämen Geschichten des Aufgehobenseins, des Wachstums, des Aufblühens, des Geliebtseins.

Auf der Straße In der Nische an der Kirchenmauer hatte er seinen Platz aufgeschlagen: Isomatte, Schlafsack, Plastiktüten, Bierflaschen. Meistens hat er einfach dagesessen, an die Kirchenmauer angelehnt, manchmal mit einem Buch in der Hand. Er hatte einen ziemlich durchdringenden Blick, einen, dem ich lieber ausgewichen bin. Manchmal bin ich ihm auch im Viertel begegnet, ein dreckiger Mann, mit langen, fettigen schwarzen Haaren und einem ungepflegten Bart. Dunkle Augen, vom Wetter gegerbte Haut. Schlurfender Gang, kaputte Schuhe, zerrissene Hose.

Er wurde in der Kirchengemeinde gegrüßt, mit Nachnamen angesprochen. Man hat ihm Hilfe angeboten, immer wieder. Die Kirchengemeinde hat ihn ernst genommen, als er gesagt hat, dass er kein Dach über dem Kopf will. Sein Lager ist monatelang geblieben, auch in den Winter hinein. Ich weiß gar nicht mehr, wie lange er da war. Irgendwann war er weg. Ich glaube, er lebt hier noch in der Stadt, aber woanders. Ich bin ehrlich: Auch wenn ich Gemeindemitglied war, ich habe mich nie weiter mit ihm befasst.

JEMAND SEIN

Über den Inner Circle in Kirchengemeinden

Ein Jugendleiter hat mal zu mir gesagt: »Der Schlüsselbund – der adelt dich. Wenn man dir den anvertraut, dann hast du es geschafft.«

Gemeint war der Schlüsselbund der Kirchengemeinde, der, an dem alles dran ist: Die Schlüssel zum Kirchengebäude, zum Pfarrzentrum, zum Pfarrbüro, die Schlüssel zu den Jugendräumen, zum Getränkelager – und, falls vorhanden, als Krönung dazu: der Zentralschlüssel, der alles andere öffnet.

Dieser junge Mann ist in seiner Gemeinde genau so unterwegs gewesen: Als einer, dem man die Schlüssel anvertraut. Der überall hindarf. Überall. Und zu jeder Zeit.

Der das Pfarrheim spätnachts abschließt, wenn die Party der Messdiener:innen vorbei ist. Der die Kirche morgens aufschließt, weil die Küsterin nicht kann. Der die Geldkassette im Pfarrbüro einschließen geht, wenn alle Würstchen auf dem Pfarrfest verkauft sind.

Nicht nur dieser Jugendleiter, auch viele weitere, die ich kennengelernt habe, haben so ihre halbe Jugend verbracht: Hoch engagierte, hilfsbereite junge Menschen, denen man Schlüssel anvertraut, deren Namen man kennt, weil sie immer da sind, immer mit anpacken, ob als Pfadfinder:innen, Messdiener:innen, Gruppenstundenleiter:innen oder Helfer:innen für alles, was eben ansteht.

Die »Christians«, »Annas«, »Florians« und »Maries« der katholischen Kirchengemeinden gewinnen in ihrer Jugend oft ein unglaubliches Selbstbewusstsein für ihr weiteres Leben, sie wachsen tiefer hinein in die alt werdenden Gemeindestrukturen, lassen sich in ihren Zwanzigerjahren zu Kirchenvorständen und Pfarrgemeinderäten aufstellen, sind die junge Stimme, die die restliche Gemeinde so sehr herbeisehnt. Zugleich sind sie im katholischen Sinne angepasst genug, um durch ihre Aussagen und Ansichten zwar ein Schmunzeln und Aufmerken hervorzurufen, aber die Traditionen nicht so sehr zu stören, dass größerer Krach drohen würde. Es ist ein Geben und Nehmen: Identitätsstiftung, Wachstum, Verantwortung für die Jungen; Freude, sanfte Irritation und Scheinjugend für die Älteren. Denn die hoch engagierten Jugendleiter:innen, die es bis heute in vielen Gemeinden gibt, decken die Krise mit ihrer Jugend zu: Sie sind das Symbol dafür, dass es in der Gemeinde doch noch Zukunft gibt, dass es gut läuft. Man verzeiht ihnen, wenn sie nicht bei jeder Eucharistiefeier auftauchen, und sie verzeihen, dass die Gremiensitzungen staubtrocken und zäh sind.

Es ist ein guter Deal.

Was ich aber genauso oft erlebt habe, sind die entwurzelten Jugendleiter:innen. Die, die für die Ausbildung oder zum Studium in eine andere Stadt gehen und dann keinen so starken, katholischen Andockpunkt mehr finden. Die, die versuchen, in einem neuen Pfadfinderstamm Fuß zu fassen. Die, die darauf hoffen, in der neuen Gemeinde einen Willkommensbrief zu erhalten, und dann enttäuscht sind, dass er nicht kommt. Die, die sich ohne die altbewährte Gemeinschaft und Identität an den neuen, ungewohnten Kirchenstandorten nicht wohlfühlen.

Denn: Es geht darum, »jemand zu sein« im Inner Circle der Gemeinde. Mit dem eigenen Namen ist Engagement verbunden und in der Regel auch sehr viel gemeinsame Lebensgeschichte. »Die Alten«

waren bei der eigenen Taufe dabei, »die Jungen« haben bei der Beerdigung des Ehemanns in der Messe gedient. Man kennt sich. Man schätzt sich. Es ist ein großes »Wir«.

Das katholische Gemeindeleben ist geprägt von diesen Banden, und diese sind, würde ich für mich sagen, auch sehr attraktiv, gar verführerisch.

Etwa vor zehn Jahren habe ich neu begonnen, in die Kirche zu gehen. Im Studium in Münster hatte ich zuvor eine Reihe von Versuchen gemacht, das richtige Gottesdienstformat zu finden: im Dom, in der Kirche nebenan, in einer Reformgemeinde, beim Hochschulgottesdienst … Immer hat mich eine Fremdheit begleitet – ein Nicht-Dazugehören zum bereits bestehenden Kreis, ein Fremdsein zwischen all den erlösten, frohen Gesichtern, ein Nicht-Zurechtfinden in den lange bestehenden Gepflogenheiten, ein diffuses Gefühl des Nicht-Bleiben-Wollens im Kirchen-Café.

Der neue Anlass, in diese eine, ganz spezielle Kirche zu gehen, war sehr profan: Wir hatten das Pfarrheim gemietet, um dort unsere standesamtliche Hochzeit zu feiern. Und weil ich es so nett gefunden habe, dass man uns das unproblematisch ermöglicht hatte, wollte ich an diesem Ort auch den Gottesdienst testen, ohne große Erwartung.

Es war erstaunlich. Ich kann es nicht anders sagen. Obwohl ich in den Jahren davor viele gute Einzelerlebnisse in Gottesdiensten gehabt habe, wollte ich jetzt zum ersten Mal länger bleiben – und wiederkommen. Die Ansprache hatte mich direkt getroffen und angezogen: humorvoll, klug, kurzweilig – ich mochte den Priester mit seiner Art sofort. Und deshalb bin ich einen Sonntag später direkt wieder hingegangen, um dann etwas ziemlich Verrücktes zu erleben: Es wurde genau das gleiche Evangelium vorgetragen wie in der Woche vorher.

Das hat mich dermaßen gewundert, dass ich nach der Messe auf den – untypischerweise nicht sofort verschwundenen, sondern in der Kirche wartenden – Priester zugegangen bin.

Ich: »Sie haben das gleiche Evangelium wie letzte Woche genommen.«

Er: »Das merkt hier keiner, die Leute kommen nicht jede Woche. Und heute ist Familiengottesdienst, das Tagesevangelium passt nicht so gut wie das von der letzten Woche.«

Ich habe gestaunt. So viel Nüchternheit. So abgebrüht. So klar. Und zugleich hatte ich mich in beiden Gottesdiensten einfach superwohl gefühlt.

Ich bin immer wieder hingegangen.

Und dann ist etwas weiteres Untypisches passiert. Dass ich da war, haben Menschen gemerkt. Ein Bekannter meines Mannes war in dieser Gemeinde als Mitarbeiter eingesetzt. Er hat gefragt, ob ich Lektorin werden will. Und später Kommunionhelferin. Und noch später Kandidatin für den Pfarreirat.

Ich habe zu allem »Ja« gesagt, weil ich in diesen Jahren dort etwas erlebt habe, das ich bis dahin nicht in der Kirche kannte: Gemeinschaft. Dazugehören. Jemand sein.

Seitdem habe ich eine Idee davon, was Menschen meinen, wenn sie als Erstes »Gemeinschaft« sagen, wenn es darum geht, was sie in der Kirche hält. Denn bis heute hat sich dieses Gemeinschaftsgefühl in mir gehalten, wenn ich die Menschen aus der Gemeinde von damals treffe. Es ist auch für mich immer noch ein großes »Wir«, obwohl ich seit mehreren Jahren kaum noch hingehe.

Wenn ich die Damen vom »Cappuccino-Club« sehe, dann freue ich mich einfach. Alte, adrette, fröhliche Gemeindemitglieder, die nach der Sonntagsmesse zusammen im Eiscafé sitzen und klönen. Kritisch, aber sehr loyal kauen sie alles durch, was es für sie zu reden gibt, sie halten die Stellung bei allen Gemeindeveranstaltungen, sind die treuen Seelen, die jeden Pfarrerwechsel überdauern, »alles« schon erlebt haben. »Jemand sein« ist bei ihnen etwas Natürliches, etwas Traditionelles, das aus der Gemeinschaft erwachsen ist.

Und genau das unterscheidet uns. Als ich in der Gemeinde »jemand geworden bin«, hatte das ausschlaggebend mit der charismatischen Person zu tun, die damals die Leitung innehatte. Ein kreativer, streitbarer Kopf, mit dem ich sehr gern zusammengearbeitet habe. Als er sich wenige Jahre später entschieden hat, die Rolle als Pfarrer abzugeben, haben wir als Pfarreirat »Change-Communication« betrieben, wie ich es heute nennen würde. Wir haben uns mit Buttons erkennbar gemacht und standen an den Türen der Kirche, damit die Menschen loswerden konnten, was der Weggang des Priesters in ihnen auslöst. Diese Jahre haben mein Gemeindebild erstmalig und bisher einmalig geprägt: Man bleibt. Die Menschen überdauern die Personalveränderungen, die strukturellen Höhen und Tiefen. Sie kommen regelmäßig, außer wenn sie im Urlaub sind.

Dieser Kern, dieser Inner Circle, ist klein. In der Regel hat jede Person aus dem innersten Kreis mindestens ein Ehrenamt, gehört irgendeinem Gremium, Verband oder Ausschuss an.

Menschen wie ich dagegen überdauern das wechselhafte Gemeindeleben nicht. Das liegt zum einen an meinen eigenen biografischen Veränderungen, aber zum anderen auch daran, dass man mich verlieren kann, wenn ich mich nicht mehr wohlfühle.

Ich merke in der Rückschau, dass mich der Weggang des Priesters damals doch stärker betroffen hat, als ich dachte. Aus einem einfachen Grund: Ich bin gern in seine Gottesdienste gegangen. Das war großes Kino, weil er den schmalen Grat von Religion und Inszenierung perfekt gegangen ist. Weil es profiliert genug war, um zu irritieren, und freundlich genug, um die Diversität zu integrieren. Weil sich sehr verschiedene Menschen dort wohlgefühlt haben, weil die Kirche voller wurde. Weil wir Stühle dazustellen mussten, weil mehr Menschen kamen, als Bänke da waren.

Diese Erfahrung, in einer Gemeinde des Aufbruchs zu leben und zu wirken, hat mich unglaublich motiviert. Weil es sich so wirksam angefühlt hat, weil eine volle Kirche so etwas Besonderes ist, weil da so viel Verheißung und Potenzial drinsteckten.

Das ist eine Kunst. Sicherlich nicht das Kunstwerk eines Einzelnen, aber der Einzelne hat andere angezogen, auch ihre Kreativität, ihre Fähigkeiten einzubringen. Das war Charismenorientierung. Berufung. Religiös gesprochen: Menschenfischerei.

Es braucht weit mehr dieser charismatischen Figuren, denn Menschen folgen Menschen – nicht Institutionen. Vielleicht ahnen Sie das darin liegende Problem: Das System schleift die Mitarbeitenden derart ab, bis auch die Profiliertesten das Weite suchen, leiser werden oder sich anpassen. Und deshalb sind die Charismatischen rar. Leider. Oder sagen wir anders: Charisma wird beneidet, profilierte Menschen werden von den kirchlichen Widrigkeiten heruntergezogen, es gelingt dem System nicht, die Leute groß zu machen. Stattdessen werden Lichter unter Scheffel gestellt – bewusst oder unbewusst.

Die Folge ist: Menschen, die sich von pastoralen Persönlichkeiten angezogen fühlen, gehen ihrer Wege, suchen nach anderen Orten oder vagabundieren durch Gottesdienste, sofern es in ihrem Wohnort überhaupt Alternativen gibt.

Die Gemeinden bleiben bestehen. Der Inner Circle überdauert die Veränderung. Aber er wird kleiner und kleiner.

Was sagt das jetzt überhaupt über Zugehörigkeit in Gemeinden aus? Vom Jugendleiter mit dem Schlüsselbund über die Gemeinschaft-auf-Zeit-Menschen wie mich bis hin zum eingesessenen Cappuccino-Club?

Uns alle verbindet die Sehnsucht nach dem Angenommensein, da bin ich ganz sicher. Und grundsätzlich haben Kirchengemeinden das Potenzial, Menschen genau dieses Gefühl zu vermitteln.

Trotzdem gelingt es kaum noch, das Gemeindekonzept »von der Wiege bis zur Bahre« aufrechtzuerhalten. Neben der beruflichen Mobilität ist es vor allem auch schlicht die Selbstbestimmung, die die Menschen wegtreibt.

Denn wie in allen langfristigen Verbindungen hat dauerhafte Gemeindezugehörigkeit ihren Preis: Es braucht Kompromisse, um in dieser Gemeinschaft zu bleiben. Man muss ziemlich viele Menschen so sein lassen können, wie sie sind, man muss akzeptieren, dass Veränderungen in der Regel im Schneckentempo oder gar nicht möglich sind. Man muss ein Fan von Harmonie und kleinstem gemeinsamem Nenner statt ausgeprägtem Profil sein.

Und es braucht die passenden Prioritäten. Denn während meine religiöse Priorität darauf liegt, im Gottesdienst eine hochwertige Ansprache und Predigt zu erleben, gehen andere Menschen gleichmütiger in die Messe. Weil die Messe zu ihrem Leben dazugehört. Punkt.

Auch wenn es mit dem Gottesdienst sicherlich nicht bei allen Menschen so ist wie bei mir, vermute ich trotzdem, dass es vielen heute ähnlich geht: Ich bin beruflich und privat so eingespannt, dass ich mir nicht vorstellen kann, an einem Sonntagmorgen meine Zeit in einem Gottesdienst zu vergeuden, aus dem ich uninspiriert, gelangweilt oder sogar verärgert hinausgehe. Das Gleiche gilt für mein Engagement im Ehrenamt. Ich mache das alles on top, abends, wenn die Kinder endlich schlafen. Ich glaube deshalb, es ist okay, wenn ich nur das mache, was mich erfüllt: mit Freude, Begeisterung, Überzeugung.

Das Ergebnis ist: Die Kirchengemeinden sind natürlich gewachsene Biotope, in denen ein bestimmter Menschenschlag dauerhaft ein Zuhause findet und in denen andere Typen mit anderen Erwartungen sich nicht aufgehoben fühlen.

Ich glaube stark daran, dass das auch anders möglich wäre. Aber ich merke, dass die Diversifizierung oft scheitert: an Sprache, an Reflexionsvermögen, an Durchhaltekraft auf der individuellen Ebene.

An Geld, Strukturen und Ermöglichung auf der Kirchenleitungs-ebene.

Das lang tradierte, aber überkommene Bild der Territorialge-meinde hält sich. Zwar werden die Grenzen auf dem Papier ausge-weitet, aber kulturell verändert sich nichts. Das liegt nicht einfach nur an den Menschen, die da sind, und die das Liebgewonnene nicht preisgeben wollen.

Das liegt vor allem auch daran, dass die Verantwortungsträger in Pfarreien, Dekanaten und Bistümern selbst an einem Gemeindebild von Glaube, Gemeinschaft und Dauer haften und keine Visionen von heterogenen Gemeindekonzepten nach vorne treiben. Andere Ge-meindeformen sind immer nur »Experimente«: mit Projektcharakter, befristeter Personal- und Finanzausstattung, oft nur als Gäste in Kir-chengebäuden der regulären Gemeinden. Es wird begeistert über sie berichtet, aber die langjährige Finanzplanung zeigt: Auf ihnen liegt kein strategischer, pastoraler Schwerpunkt.

Um das hier abstrakt Gesagte etwas zu verdeutlichen:

Stellen Sie sich vor, ein großer Limonadenhersteller würde sein Er-frischungsgetränk seit Jahrzehnten in Dosen abfüllen. Und obwohl die Unternehmensspitze mitbekommt, dass Dosen aus ökologischen Gründen vollkommen aus der Mode geraten, würde der Hersteller weiterhin 90 Prozent seiner Brause nur in Dosen verkaufen. Der Ver-kauf würde zwar massiv zurückgehen, aber für das Unternehmen wäre klar: Die Dose ist nun mal der Standard für eine Limonaden-verpackung – take it or leave it!

Die klassische Kirchengemeinde ist für obdachlos-katholische Menschen genau wie die Dose aus Aluminium für eine Limonade. Sie ruft im besten Fall gute Erinnerungen wach, aber sie ist für die meisten nicht mehr zeitgemäß.

Auf der Straße Klaus lebt erst zehn Jahre in Münster. Als er aus Berlin gekommen ist, hat er ganz unten begonnen: Auf der Straße. Sehr kurz hat er im Haus der Wohnungslosen übernachtet. Dann eine Woche auf der Straße gelebt, also »Platte gemacht«. Oft hat er in diesen Tagen an einer Kirche gelehnt, sagt er.

Nein, die Kirchengemeinde habe ihm nicht geholfen. Aber da war irgendwann eine Frau, die aus der Kirche kam. Die hat ihm ein Zimmer vermittelt. Ohne zu wissen, ob er zahlen könnte, hat man ihm Obdach gegeben, eine Tür, die er hinter sich schließen kann, ein Badezimmer, Wärme und Sicherheit.

Irgendwann hat ihm sein Onkel einen kleinen Hilfsjob angeboten. Und eine Wohnung organisiert. Mit seiner Rente und dem Job kam er gerade so über die Runden. Morgens steht er inzwischen am Bahnhof und trägt jede Woche Zeitungen aus. Die Pendler:innen erkennen ihn. Mit seiner blauen Jacke, der Kappe auf dem Kopf, seinem wachen Blick. Er grüßt den, der ihn grüßt. Oft bilden sich bei ihm kleine Menschentrauben: der Handwerker, mit dem er raucht, die Sozialarbeiterin von der Bahnhofsmission, ein Pendler, der einen Schnack hält. Klaus hat Charme, und der tut den Leuten morgens früh um sieben ziemlich gut.

PARADOXIE

Über das hauptberufliche Arbeiten in der Kirche

Die ersten beiden Kapitelentwürfe über das hauptberufliche Arbeiten in Kirche habe ich gelöscht: zu illoyal kamen sie mir vor, zu kritisch. Was ich schreiben wollte, fand nicht den richtigen Ton. Wahr sollte es sein, aber trotzdem respektvoll. Und denen, die immer etwas zu meckern haben, keinen Raum geben; denjenigen aber, denen es ähnlich geht wie mir, die richtigen Bilder anbieten.

»Schreib doch genau davon«, sagte mein Mann eines Abends. »Wovon?«, fragte ich. Und er sagte: »Von dieser Unfreiheit.«

Beim dritten Versuch, das Kapitel zu schreiben, finde ich endlich das richtige Wort, für das, was im Kern für mich das Problem ist: Paradoxie.

Wer für die katholische Kirche arbeitet, erlebt im Alltag unendlich oft, bewusst oder unbewusst, die Widersprüche dieses Systems. Auf der einen Seite wünschen wir uns in unseren Gottesdiensten untereinander regelmäßig den Frieden, beginnen Sitzungen mit geistlichen Impulsen oder Gebeten, auf der anderen Seite gibt es selbstverständlich ganz menschliche Konflikte, arbeitsrechtliche Streitigkeiten, unkollegiales Verhalten, schwache Führungskräfte, und alles, was Menschen auch bei anderen Arbeitgebern erleben. Der Unterschied ist nur: Dem Arbeiten in der katholischen Kirche liegt ein riesiges Wertefundament zugrunde, das laut und deutlich oft genug gepredigt wird. Wenn auf diesem Fundament Konflikte ungerecht oder sogar erniedrigend ausgetragen werden, Menschen sich abgewertet oder nicht wertgeschätzt fühlen, erhöhen sich die inneren und äußeren Widersprüche. Das Ergebnis ist eine Zerrissenheit in den Mitarbeitenden, die vom Glauben und seiner Botschaft begeistert, von der alltäglichen Realität ernüchtert sind. Ein Paradox.

Aus dieser Paradoxie, für die katholische Kirche zu arbeiten, ist bei mir das Gefühl der Unfreiheit entstanden.

Zehn Jahre lang habe ich mit Leib und Seele das getan, wofür die Frohe Botschaft steht, voller Identifikation für diese Botschaft, für den Kern dessen, weswegen es »den Laden« überhaupt gibt. Und dann habe ich gekündigt. Schweren Herzens. Mit einem schlechten Gewissen gegenüber denen, die jetzt ohne mich weiter an den Veränderungen arbeiten. Es fühlt sich zutiefst ambivalent an, das Schiff zu verlassen, das sich im Sinken befindet, auf dem aber so viele Menschen noch fahren wollen, weil sie es lieben.

Aber ich habe immer stärker gemerkt, dass ich Abstand brauche, um meinen Glauben zu behalten: Abstand vom Ort, an dem ich mir den größten Teil meines (beruflichen) Könnens angeeignet habe.

Beim Arbeiten in der Kirche bin ich einer Vielzahl von Widersprüchen begegnet – Widersprüchen zwischen christlicher Botschaft und gelebter Praxis:

Ich habe wahrgenommen, wie erfolgreiche Priester, deren Gottesdienste nicht nur überfüllt waren, sondern auch mediale Begeisterung ausgelöst haben, im inneren Kreis eingeordnet und verächtlich gemacht worden sind. Ich habe erlebt, wie Gemeindereferentinnen mit einem unfassbaren Talent für den Umgang mit Familien und Kleinkindern diese zwar bis zur Taufe begleiten, aber nicht selbst die Taufe vornehmen durften. Ich habe das »Hintenrum-Feedback« kennengelernt, das Menschen lähmt und zermürbt, während das Miteinander vorne herum wie Harmonie und Warmherzigkeit aussieht.

Diese und viele andere Beispiele haben mich und andere verunsichert – denn die allermeisten arbeiten mit höchster Überzeugung für die katholische Kirche, weil sie von einem tiefen Glauben an das Evangelium getragen werden. Wie oft habe ich in den letzten Jahren Texte von Menschen gelesen, warum sie »trotzdem noch bleiben«, und Worte gehört, wie sie das institutionelle und individuelle Versagen von ihrem persönlichen Glauben und ihren Überzeugungen fernhalten, um weiter ihren Dienst zu tun.

Was macht es mit den Menschen, der Institution und ihren Führungskräften gegenüber immer kritischer zu werden, dem »Produkt« gegenüber aber begeistert zu bleiben? Es löst innere und äußere Spannungen aus, die manche gut, andere weniger, weitere gar nicht aushalten können.

Wer in der katholischen Kirche getauft worden ist, der nimmt Anteil an der Würde und dem Auftrag Jesu Christi: Priester:in sein, König:in sein, Prophet:in sein. Das gilt für alle Getauften!

Die meisten Menschen, die in der katholischen Kirche angestellt sind, dürfen sich selbst also von Kindheit an priesterlich, königlich und prophetisch fühlen. Menschen, die mit höchstem Einsatz die Kirche ehrenamtlich mitgestalten, dürfen sich selbstverständlich ebenso angesprochen fühlen, wenn ich diesem Dreiklang jetzt auf die Spur gehe.

Spontan sind mir drei Bibelstellen in den Sinn gekommen, wenn ich über das Prophetische, das Königliche und das Priesterliche nachdenken will.

Prophet:in sein (Mk 6,1–5)

Von dort ging Jesus in seine Heimatstadt. Seine Jünger begleiteten ihn. Am Sabbat sprach er in der Synagoge, und viele, die ihn hörten, waren sehr verwundert. »Wo hat er das her?«, fragten sie einander. »Was ist das für eine Weisheit, die ihm gegeben ist? Und erst die Wunder, die durch ihn geschehen! Ist er nicht der Zimmermann, der Sohn von Maria, der Bruder von Jakobus, Joses, Judas und Simon? Und leben nicht auch seine Schwestern hier bei uns?« Darum wollten sie nichts von ihm wissen. Aber Jesus sagte zu ihnen: »Ein Prophet gilt nirgends so wenig wie in seiner Heimat, bei seinen Verwandten und in seiner Familie.« Deshalb konnte er dort auch keine Wunder tun; nur einigen Kranken legte er die Hände auf und heilte sie.

Prophet:innen zählen in ihrer Heimat oft wenig, sagt Jesus im Markus-Evangelium – und exakt so gestaltet es sich auch in der Kirche. So wie Jesus in seiner Heimat aufgenommen wird, erleben es viele Menschen mit prophetischer Kraft im Dienst der Kirche. Ihr Vermögen, ihr Potenzial, ihre Energie wird im Nahbereich bestenfalls verwundert aufgenommen, im schlechtesten Fall werden sie abgewertet und ausgesondert. Während Jesus auf sein Zimmermann-Sein begrenzt werden soll, sind es in der Kirche beispielsweise der Grad der (theologischen) Ausbildung bzw. die formalen Rollen, auf die man, vermeintlich sachlich, zurückverwiesen wird. Auch die Familienlogik ist wie in Nazareth ausgeprägt: »Ich kenne sie noch aus der Jugendarbeit, da war sie so und so« oder »Sein Vater ist mit mir im Kirchenvorstand, mit dem spreche ich mal über das, was er hier tut.«
Noch schlimmer sind die anderen Schubladen, in die Prophet:innen innerkirchlich gesteckt werden. Schnell sind die Leute mit einer kritischen oder untypischen Stimme beschrieben: eitel, profilierungssüchtig, anstrengend.
Das Problem der Prophet:innen in der Kirche ist nicht, dass sie ihrer Stimme folgen. Das Problem ist, dass sie dabei stören. Eine Postkarte auf meinem Schreibtisch sagt: »Wer lebt, stört.« Und während das Lebendige an der Prophetie viele Menschen wahnsinnig begeistert, sie diese Postkarte quasi als Motto vor sich hertragen könnten,

schreckt es viele andere ab, weil es ihnen fremd, anders, neu oder schlicht falsch vorkommt.

Der Mut, sich hervorzuwagen, wird im beruflichen Kontext in der Kirche nicht belohnt, stattdessen wird Demut erwartet. Von Gemeindereferentinnen mit starker Social-Media-Reichweite, von charismatischen Priestern mit Medienaufmerksamkeit, von Verantwortungsträger:innen, die ungewohnte Konzepte und Methoden einbringen.

Wie viel mehr könnte man gewinnen, wenn die Menschen sich alle an dieser Prophetie freuen würden, die sich da im Nachbarbüro oder in der Pfarrei geformt hat? Sich freuen heißt nicht, dass man ständig einer Meinung sein muss, aber es bedeutet ein hohes Maß an Respekt, Akzeptanz und Offenheit für prophetische Kraft innerhalb der eigenen Reihen.

Und wie zukunftsweisend wäre es, wenn die bisherigen und künftigen Prophet:innen keine Geschichten mehr davon erzählen könnten, wie sie *wegen* ihres Engagements in die Personalabteilung ihres Bistums zitiert worden sind?

Wie viel lebensbejahender wäre es, wenn sich die »Arbeitgeberin« Kirche dadurch auszeichnen würde, diejenigen, die in ihr wachsen, weiterzuentwickeln, mit ihnen Erfolge zu feiern und konstruktives Feedback zu geben?

König:in sein (Joh 18,36–37)

Jesus sagte: »Mein Königtum stammt nicht von dieser Welt. Sonst hätten meine Leute dafür gekämpft, dass ich den Juden nicht in die Hände falle. Nein, mein Königtum ist von ganz anderer Art!« Da fragte Pilatus ihn: »Du bist also doch ein König?« Jesus antwortete: »Ja, ich bin ein König. Ich wurde geboren und bin in die Welt gekommen, um die Wahrheit offenbar zu machen und als Zeuge für sie einzutreten. Wem es um die Wahrheit geht, der hört auf mich.«

Die Stelle im Johannes-Evangelium ist die zweite, die mir in den Sinn kommt. Für die einzelnen Mitarbeitenden bedeutet das darin zugesagte König:innentum ein enormes Maß an Würde, das ihnen schon durch die Taufe geschenkt ist und das sie – berechtigt – im beruflichen Kontext einfordern dürfen.

Wer allerdings mit dem kirchlichen Arbeitsrecht jemals kollidiert ist, weil er oder sie nach einer Scheidung wieder heiraten wollte, die Liebe zu einer Person des gleichen Geschlechts offen leben wollte oder weil irgendeine andere »Loyalitätsobliegenheit« nicht passte, der weiß noch: Das mit der Würde war dann schnell vorbei. Die Institution, die den Menschen durch die Taufe eine königliche Würde zuspricht, weiß von dieser Würde nichts mehr, wenn jemand die – menschengemachten – Regeln nicht einhält.

Entwürdigende Gespräche über zutiefst persönliche, sogar private Themen, Aufforderungen zur Verleugnung der eigenen Beziehung, langwierige Rechtsstreite oder lebenslange Ängste vor dem Entdecktwerden sind die Folge. Manche Menschen heiraten deshalb über Jahre oder Jahrzehnte niemals ihre Partner:in, andere haben Zweitwohnsitze am Ort ihrer tatsächlichen Familie, und so ziemlich alle, die nicht das heteronormative Konzept von Ehe und Familie leben, schweigen sich über ihr Privatleben aus.

Menschen leben in Doppelleben, weil die Kirche einerseits das Angenommensein vor aller Leistung und mit aller Schuld predigt, diese Prämisse aber andererseits für katholisch illegitime Beziehungsverhältnisse außer Kraft setzt.

Die Tatsache, dass eine Vielzahl von (geweihten und ungeweihten) Mitarbeitenden deswegen langfristig mit Angst leben und sich unfrei fühlen, zu zeigen, was sie im Innersten bewegt, ist dieser König:innenwürde nicht würdig.

Mein innerster Wunsch ist, dass die Mutigen von #outinchurch dafür gesorgt haben, dass sich das kirchliche Arbeitsrecht grundlegend und rechtsverbindlich ändert – und zwar überall in Deutschland. So viele Priester, pastorale Mitarbeitende, Lehrer:innen, Erzieher:innen, Pfleger:innen und so viele andere Menschen in kirchlichen Beschäftigungsverhältnissen haben darauf gewartet. Das würde echte König:innenwürde bedeuten – für alle. Nicht nur theoretisch in der Grundordnung abgesichert, sondern in der Praxis sicher und zwar dauerhaft und überall.

Das Königliche hat noch eine weitere Seite für mich: Wer Anteil am König:innentum Gottes hat, der kann keine Untertänin, kein Untertan sein. Mit dem König:in-Sein verbinde ich Macht und Verantwortung – für alle getauften Christ:innen. Macht und Verantwortung prägen jedes Berufsleben in einem spannungsreichen Wechselspiel, die Besonderheit durch die Taufe ist nur: Macht und Verantwortung im Sinne des König:innentums Gottes sind für alle da. Sie sind nicht einer bestimmten Gruppe, Hierarchiestufe oder Ausbildung vorbehalten – nicht an Weihe oder Geschlecht geknüpft.

Wenn das zu Ende gedacht würde, müsste das eine Abschaffung der bisher üblichen Führungs- und Organisationsstrukturen bedeuten. Die Kirche müsste eigentlich an der Speerspitze von New Work und Agilität stehen – denn diese beiden Konzepte setzen auf Vertrauen statt Kontrolle, auf Machtteilung statt Machtzentrierung, auf die Abschaffung von Statussymbolen, auf das Teilen von Verantwortung, auf interdisziplinäre Teams.

Das Gegenteil ist aber der Fall. Es gibt kein einziges Bistum, keine einzige katholische Einrichtung, keinen einzigen Träger, der wegen der König:innenwürde seiner vielen getauften Mitarbeitenden auf moderne Führungs- und Organisationsmodelle setzt. Einzelne probieren etwas aus, aber der Sog zum klassischen (tayloristischen) Verständnis von Arbeit ist groß. Profilierte Personen werden dabei unwillkürlich abgeschliffen, bis sie zwar systemkompatibel, aber nicht mehr markant sind.

Dabei stehen Haltungen von New Work und Agilität eigentlich für einen idealen Zustand im Volk Gottes: Die Menschen haben gemeinsam an Macht und Verantwortung teil, sie arbeiten gemeinsam daran, dass das Reich Gottes größer wird. Und dabei ist jede:r Einzelne mit einer königlichen Würde ausgestattet.

Wie fantastisch wäre es, wenn die Kirche als Arbeitgeberin diese Werte zum Anlass nähme, agile Haltungen und Methoden einzuführen, Hierarchien abzubauen und dadurch (fast zufällig) zu besseren Ergebnissen zu kommen?

Meine christlich-agile Utopie stellt sich das so vor:

Divers zusammengesetzte Teams würden durch die Vielfalt an Erfahrungen und Professionen zielgruppengerechte Angebote entwickeln: Gottesdienste, Seelsorgeformate, Performances, alles digital und analog, mit passgenauer Musik und Atmosphäre.

Niemand würde sich mehr dafür rechtfertigen müssen, dass Geld für neue brennende Themen ausgegeben wird. »Das war schon immer so« würde abgeschafft, weil es sich mit der Würde all derer beißt, die in diesem »war schon immer so« kein Zuhause, kein passendes Angebot mehr finden.

Kirchliche Verwaltungen würden im Sinne der Würde ihrer Kund:innen (also der Gläubigen und Mitarbeitenden) all ihre Dienstleistungen auf die Einfachheit, Erreichbarkeit und Nützlichkeit überprüfen, kritisches Feedback der Kund:innen zur Verbesserung nutzen und so in ganz moderner Form ihren Dienst tun.

Flächendeckend würde die Kirche Königin im Feedback sein: im Modus Geben, Nehmen und Einarbeiten, also im ständigen Dialog mit denen sein, für die sie da ist.

Und so weiter und so fort. Bevor ich das Träumen nicht mehr beenden kann, will ich eigentlich nur sagen: Die Kirche hat als Arbeitgeberin das perfekte Wertefundament, um professionell anders zu führen und sich besser zu strukturieren als andere Organisationen.

Ich wünschte, das würde sich nicht nur theoretisch, sondern auch ganz praktisch erkennen lassen.

Priester:in sein (Mk 1,16–20)

Als Jesus am See von Galiläa entlangging, sah er Simon und seinen Bruder Andreas, wie sie auf dem See die Netze auswarfen, denn sie waren Fischer. Jesus sagte zu ihnen: »Kommt, folgt mir! Ich mache euch zu Menschenfischern.« Sofort ließen sie ihre Netze liegen und folgten ihm. Als Jesus ein kleines Stück weiterging, sah er Jakobus, den Sohn von Zebedäus, und seinen Bruder Johannes. Sie richteten im Boot gerade die Netze her. Jesus rief sie, und sie ließen ihren Vater Zebedäus mit den Gehilfen im Boot zurück und folgten ihm.

Als ich gerade gekündigt hatte, sagte ein Freund zu mir: »Du solltest altkatholische Priesterin werden! Da wärst du richtig!«

Wenn ich an die mir und vielen anderen Menschen verliehene Würde denke, dann denke ich auch über die Stelle bei Markus und über Berufungen nach. Berufungen sind so viel vielschichtiger als die Debatte darum, wer geweiht werden kann und wer nicht. Mein Priesterin-Sein kann ich – davon bin ich überzeugt – in jedem erdenklichen Beruf leben. Denn die darunterliegende christliche Haltung darf und muss sogar weit über die immer kleiner werdende Gruppe von geweihten Priestern hinausgehen.

Es geht im Priester:in-Sein für mich darum, für die Menschen einen Dienst zu tun, der ihrer Seele guttut, sie heil macht und sie in ihrer Beziehung zu Gott und ihrem Glauben stärkt.

Das ist die Kraft, aus der ich lebe und arbeite. Egal wo und als was. Nicht umsonst gibt es diese wunderbare Beschreibung: »Er oder sie ist ein priesterlicher Mensch.« Darin schwingt so viel mehr mit, als der Liturgie vorzustehen, Sakramente zu spenden oder bestimmte

Leitungsrollen wahrzunehmen – ein priesterlicher Mensch muss kein Priester sein und ein Priester ist nicht automatisch ein priesterlicher Mensch, nur weil er die Weihe erfahren hat. Wünschenswert wäre es, die Realität zeigt aber auch andere, sehr unpriesterliche Beispiele.

Wenn ich mit dieser Weite auf mein Christin-Sein schaue, dann perlt die Ungerechtigkeit an mir ab, dass Frauen angeblich nicht weihbar sind. Was aber nicht an mir abperlt, ist das Leid und die vielen, unauslebbaren Berufungen von Menschen, die zutiefst priesterlich sind. Priesterlich verstehe ich in diesem Kontext sehr weit: Das heißt, es geht nicht nur um Männer, die lieber eine Familie gründen wollen, und deshalb nicht Priester werden.

Es geht auch um Transmenschen, die keine Lehrerlaubnis für das Fach Religion bekommen, um lesbische Wissenschaftlerinnen, die keinen Lehrstuhl erhalten, und um die vielen, vielen Menschen, die keinen Dienst in der Kirche aufnehmen, weil ihnen ihre Freiheit wichtig ist. Denn Freiheit ist vor allem in der pastoralen Ausbildung in der Regel nicht vorgesehen.

Auf die tiefe Spiritualität in den Berufungsgeschichten trifft in den allermeisten Bistümern eine ziemlich unflexible Ausbildung, und unter dem Stichwort »Zuerst musst du in die Gemeinde!« ein festgelegter Ablauf der Stationen.

Schon hier wird eine lange Reihe von kreativen, freiheitsliebenden Menschen abgeschreckt: Das Korsett sitzt zu eng, sowohl in der Priesterausbildung als auch in der Ausbildung von anderen Seelsorger:innen. Ausbildung und Personalmanagement in den Seelsorgeberufen kennen zwar viel Qualität und Bandbreite, aber sie kennen wenig Wahlfreiheit, Flexibilität und Abweichen von der Norm. Social-Media-affine Personen werden zu Pfarrern gemacht, anstatt ihnen Projektstellen für eine digitale Kirche anzubieten, familiensensible Pastoralreferentinnen werden vom Taufen abgehalten, weil das

Kirchenrecht es scheinbar nicht ermöglicht, queere Anwärter:innen werden angehalten, ihre Liebe nicht zu leben bzw. zu verheimlichen. Wer seine oder ihre Freiheit liebt, sucht sich eine Nische – oder geht.

Diese Art, mit den eigenen (potenziellen) Leuten umzugehen, ist kein Aushängeschild. Es kann mit dieser Art nicht gut gehen, wenn man als Organisation noch wachsen will. Und es geht so auch nicht gut, wenn man in der heutigen Welt noch die passenden Antworten anbieten möchte.

Das Schreckliche daran ist: Der Fachkräftemangel ist längst da. Die Kirche spürt ihn massiv. Es werden kaum noch Priester geweiht, die Studierendenzahlen für Theologie gehen immens zurück, die immer weniger werdenden Absolvent:innen entscheiden sich immer öfter gegen pastorale Berufe oder den Beruf als Religionslehrer:in.

Die Kirche reagiert nicht bzw. nicht im notwendigen Maß und Tempo. Sie ändert nicht die Zugangsbedingungen, sie flexibilisiert nicht die Inhalte und Orte für die Ausbildung, sie bewirbt sich nicht bei den priesterlichen Menschen, sie erwartet immer noch, dass die priesterlichen Menschen sich nach ihren Bedingungen richten.

Unternehmen erleben das Gleiche: Der Fachkräftemangel ist in Deutschland überall zu spüren. Und Unternehmen lassen sich eine Fülle von Antworten einfallen, um Menschen für sich zu gewinnen und zu halten. Längst ist es an vielen Orten üblich, dass sich das Unternehmen bei den potenziellen Mitarbeitenden ebenso stark bewirbt wie diese bei ihnen. Headhunter:innen verdienen traumhafte Summen, wenn sie eine:n passende:n Kandidat:in zur Vertragsunterschrift bringen.

Dabei ist die Stimmung motiviert: Man will überleben und man will Geld verdienen (und ums Überleben geht es der Kirche auch), und das geht eben nur, wenn es genügend gute Leute gibt, die das mit ihrer Kraft unterstützen.

Während es »draußen« längst diese 180-Grad-Drehung gegeben hat, sind »drinnen« immer noch die tradierten Normen, eng gesteckten Wege und die Loyalität federführend.

Es ist also eine doppelt traurige Situation:

Es gibt zum einen immer noch eine Vielzahl von spirituellen, suchenden Menschen, die geniale Seelsorger:innen oder Religionslehrer:innen sein könnten, aber sie werden es nicht, weil die Unfreiheit im kirchlichen System sie abhält und entmutigt. Zum anderen gibt es tief an ihren Glauben und ihre Kirche gebundene Seelsorger:innen, die immer häufiger aus Enttäuschung in die innere Emigration und den Dienst nach Vorschrift abwandern oder sogar ihren Dienst kündigen.

Das Nachdenken über das Arbeiten in der Kirche ist ermüdend, die Widersprüche rauben viel Kraft – denen, die bleiben, und denen, die es nicht aushalten.

Was sich für mich persönlich seit dem Weggehen gezeigt hat, ist ein bedrücktes Erkennen, wie vieles in dem Laden nicht stimmt.

Das zeigt sich zum Beispiel am wohlmeinenden Rat von Bekannten: »Du solltest auf jeden Fall aufpassen, was du in der nächsten Zeit über die Kirche sagst. Vielleicht willst du ja doch noch mal irgendwann für sie arbeiten.« Oder: »Nimm diesen Auftrag besser an, vielleicht möchtest du ja zukünftig noch mehr Aufträge von der Kirche haben.«

Loyalität ist wichtig, wenn nicht sogar das Wichtigste. Und Kritik darf es nur wohl dosiert geben. Zugespitzt formuliert: Es geht beim Arbeiten für die Kirche nicht darum, dass man Berufung und Arbeitskraft gegen Geld tauscht, sondern darum, dass man mit Haut und Haar, und mit der ganzen Seele und im ganzen Körper dazugehören soll.

Der einzige Grund, in einem Unternehmen zu arbeiten, ist, dass Arbeitgeber und Arbeitnehmer:in sich einig darüber sind, dass beide etwas davon haben, wenn sie zusammenkommen. Weil das Unternehmen denkt: Diese Person bringt uns weiter, und die Person denkt: Hier kann ich mich wirksam einbringen. Bei der Kirche ist das völlig anders: Passt die Person ins System? Fügt sie sich gut ein? Kompetenzen sind nachrangig.

Es entsteht deshalb ein personifizierendes System – wo die persönlichen Attribute stärker gewichtet werden als die fachlichen ... Daraus entsteht ein inkompetentes, aber menschlich interdependentes Gebilde: Man weiß viel voneinander, man ist in hohem Maße abhängig voneinander, vom Gutdünken, vom Leumund. Fähigkeiten sind egal.

Wie anders würde das Umgehen mit dem eigenen Personal, mit den berufenen (potenziellen) Mitarbeiter:innen in der katholischen Kirche sein, wenn sich vom ersten Moment des Berufungs-/Ausbildungs-/Onboarding-Prozesses bis zum Ausscheiden in die Rente alles von der Taufwürde her ausrichten würde?

Wenn von jedem dieser (potenziellen) Mitarbeitenden als Priester:in, König:in, Prophet:in gedacht werden würde, würden Talente zutage gefördert, Innovationen ermöglicht und Verbesserungen zugelassen.

Könnte so nicht eine unfassbar menschennahe, dynamische Kirche entstehen, deren Mitarbeitende sich frei von Unfreiheit und Paradoxie fühlen? Die wissen, warum sie mit absoluter Begeisterung für »diesen Laden« arbeiten?

Auf der Straße Eines Tages erzählt mir Klaus von einem bevorstehenden Ausflug. Sein Bruder nimmt ihn mit dem Auto mit zu seiner Mutter in eine nahe gelegene Stadt. Allein hinfahren würde Klaus wohl nicht. Die Verhältnisse sind nicht so gut in der Familie.

Auch von seinen Töchtern erzählt er mir, seine Augen blitzen vor Stolz, sie schreiben sich regelmäßig, sie sehen sich selten. Ob die Töchter wissen, dass er hier steht? »Lieber nicht«, sagt er.

Aber er hat ja jetzt ein Handy, eine Prepaidkarte, er kann ihnen per WhatsApp schreiben. Ob ich auch seine Nummer haben wolle? »Klar«, sage ich. Und schicke ihm später einen Gruß.

Das Handy. Eine Tür zu einer anderen Welt.

Für mich und die meisten anderen etwas völlig Normales. Erst als er so ehrfürchtig erzählt, merke ich, was ein Handy eigentlich bedeutet: Teilhabe. Gemeinschaft. In Kontakt bleiben. Beziehungen pflegen. Oder überhaupt eingehen. In Klaus' Fall sogar: Sich verlieben. Denn er schreibt einer Frau, erzählt er lächelnd. Er hat sie am Bahnhof kennengelernt.

OSTERN
Über Tod und Auferweckung

»Bleibet hier und wachet mit mir, wachet und betet, wachet und betet.« Das Lied klingt sehr leise über meine Lippen, in den Bäumen zwitschern die Vögel, die vierspurige Straße rauscht versteckt hinter den Häusern, jemand parkt im Garagenhof nebenan sein Auto. Ich sitze im Garten vor der Kerze und wache, meine Gedanken schweifen ab, kehren zurück, das Gebet ist bruchstückhaft, ich starre in das Feuer der Laterne, die meine Nachbarin jedes Jahr zur Verfügung stellt, und vor der wir als Hausgemeinschaft in der Nacht von Gründonnerstag auf Karfreitag verharren. Alle auf ihre Weise, die einen schauen aus dem Schlafzimmerfenster, ob das Licht noch brennt, die anderen sitzen ein paar Minuten oder länger draußen im Dunkeln bei der Flamme.

Der Gründonnerstag ist der Tag, den ich jedes Jahr so sehr herbeisehne wie keinen anderen, denn er eröffnet die mir wichtigste Liturgie des Jahres. Alles, was ich als Katholikin brauche, ist in diesen drei Tagen enthalten.

Seit wir in der Gemeinde begonnen haben, die Fußwaschung umzudeuten, habe ich an diesem ersten Abend der drei Tage Passion immer Gänsehaut. In der Kirche stehen Tische bereit, große Schüsseln, Krüge mit warmem Wasser und Handtücher. Freiwillige waschen allen Gemeindemitgliedern die Hände – sie berühren einander, manchen stehen die Tränen in den Augen. Mir auch. Der Dienst, anderen die Hände zu waschen, hat auch mich total erfüllt, und ich spüre noch die faltigen, aber zarten Hände des alten Herrn in meinen, der gar nicht fassen konnte, was ihm hier geschieht. Dieser Abend ist mystisch. Die Eucharistiefeier erscheint mir am Gründonnerstag bewusster als jemals, und erst Jahre später verstehe ich das, was Paul Zulehner gesagt hat: dass der Dienst des Waschens, des »sich die Hände schmutzig Machens, für die anderen« genauso wertvoll ist – auch wenn er in seiner Konkretion keinen Einzug in die wöchentliche Sonntagsmesse gefunden hat.

Dieser Dreiklang – das letzte Abendmahl, das dienende Waschen und das Wachbleiben zum Schluss – macht den Gründonnerstag zu meinem ganz persönlichen Favoriten im gottesdienstlichen Jahresverlauf.

Denn er symbolisiert mein Christsein: gemeinsam das Brot brechen, dienen und nicht müde werden, aufmerksam bleiben – für Gott, für die anderen, für mich.

Der Karfreitag hat seine eigene Schönheit. Eine seiner eindrücklichsten Feiern habe ich erlebt, als wir alle am Kircheneingang einen 15 Zentimeter langen Eisennagel in die Hand gedrückt bekommen haben – ein Nagel, so groß, dass er dicke Holzbalken verbinden könnte. Die Nägel klirrten, klackerten und klimperten unter den Bänken und Stühlen, bis die Menschen zur Kreuzverehrung nach vorne gehen konnten. Nacheinander legten wir alle den Nagel vor das Kreuz – symbolisch für all das, was nicht gelungen ist, wofür eine Person Erlösung oder Befreiung von Schuld erhoffte. Es war ein langer Zug, nur unterbrochen vom Klirren der Nägel auf dem Boden vor dem Altar. Stück für Stück entstand so ein kleiner Berg von Nägeln – und von Lebensgeschichten.

Der Karfreitag mit seiner Stille, er hilft mir, alles zu kanalisieren, was Stille in meinem Leben braucht.

Zugleich bin ich jedes Jahr in dieser heiligen Beerdigungsstimmung aus der Kirche herausgetreten, oft in den Sonnenschein eines Frühlingstages, an dem sich die Leute vor der Kirche ein Eis schmecken ließen. Der Übertritt von der liturgischen Situation in die Normalität draußen hat mir gezeigt, wie sehr wir als Kirchgänger:innen inzwischen fast wie »Aliens in Großstädten« sind. Und nicht nur Aliens in der Großstadt, sondern auch »Eingeweihte« in der Kirchengemeinde – denn natürlich habe ich früher nicht gewusst, warum es zu Beginn und zum Ende des Gottesdienstes am Karfreitag kein Kreuzzeichen gibt, ich habe nicht verstanden, warum die Orgel stillsteht, ich habe nicht gewusst, dass die Kar- und Ostertage »eine« Liturgie sind, und es theologisch keinen Sinn macht, einen der drei Teile auszulassen. Kar- und Ostertage – das ist was für die Eingeweihten, oder für die, die es immer schon nur so kannten.

Zurück zu Hause puste ich die Kerze in der Laterne im Garten aus, falls sie noch nicht von selbst erloschen ist, und bleibe einen kurzen Moment davor stehen. »Er ist tot«, denke ich, und gehe hoch zu meiner Familie.

Die Osternacht ist der Inbegriff des Katholischseins, wie ich es liebe: Pomp and Circumstances – mal abgesehen vom männlichen Überhang rund um den Altar, der oft durch die Vielzahl von Konzelebranten entsteht. Die Menschen sind kribbelig in ihrer Vorfreude auf die Erlösung, auf das Licht, das die Kirche erhellt, auf die Orgel, die bombastisch wieder ihre ersten Töne zur Ehre Gottes spielt.

Das gesungene »Lumen Christi«, das sich in der Kirche ausbreitet, das Geraschel, während die Leute sich das Licht weitergeben, und immer wieder »Deo gratias« antworten. Der Diakon, der in seinen liebenswürdig schiefen Tönen »Dies ist die Nacht« anstimmt. Einfach wunder-, wunderschön und jedes Jahr von meinem liturgischen Ich heiß ersehnt.

Und dann ist die Osternacht aber eben auch ein langes Warten, eine Lesung nach der anderen, oft in einem gar nicht so ansprechenden Stil gelesen. Der Moment des Schuldvergebens, des Wiedergutwerdens aller Dinge, weil Jesus auferstanden ist. Predigt, Taufe, Tauferinnerung – ach, es ist schon ein großes fantastisches Spektakel, das da stattfindet –, eine Nacht für alle Sinne, bei der am Ende im besten Fall noch eine fröhliche Agapefeier steht, mit Wein, gekochten Eiern und Brot in der Kirche.

In unserem Fall schließt sich der Kreis im Garten – wo wir die Bierzeltgarnitur aufbauen, alle Nachbarn, die noch nicht zu müde sind, bringen Köstlichkeiten aus ihren Wohnungen und sitzen am Feuer beieinander.

Ostern – das ist einer der Hauptgründe, weswegen ich katholisch bin: Inhaltlich bieten diese drei Tage kompakt alles auf, was die Religion zu bieten hat. Liturgisch ist die Feier das Maß aller katholischen Dinge – der Grund, weshalb viele in meinem Umfeld (auch ich) schmunzelnd sagen: »Deshalb liebe ich es, katholisch zu sein.« Und dann ist da diese unendliche Mystik des »Wachet und betet«, das sich in meinen Körper eingeprägt hat und unwillkürlich auch mitten im Jahr leise aus mir herausdringt, wenn ich nicht mehr weiterweiß.

Die österliche Haltung, diese Überzeugung, dass es weitergeht, egal wie tief ein Tiefpunkt ist – und sei es der Tod –, die durchdringt mein Leben. Im Ritual feiere ich diese Haltung mit anderen Gläubigen, und im Alltag ist Ostern das Fundament für all meine Zuversicht. Wenn Gott diese unfassbar starke und für viele unfassbare Zusage macht, dass selbst der Tod nicht das Ende ist, dann ist das Hoffnung pur.

Für viele Menschen in meinem Umfeld ist Hoffnung der zentrale Motor für ihre Veränderungsbemühungen. Auch für mich war die österliche Haltung sehr lange prägend: Meine Hoffnung auf Veränderung in der katholischen Kirche trotz größter Verfehlungen und

Skandale war viele Jahre unheimlich stark. Und trotzdem habe ich mir schließlich erlaubt, mein Bemühen um Veränderungen in der katholischen Kirche einzuschränken, weil mein Tank leer war. Vielleicht ist auch das etwas Österliches: Zu merken, dass es ohne Gottes Zutun nicht geht – und dass ich als Mensch auch nicht alles schaffen können muss. Ostern ist nichts Menschengemachtes, Ostern braucht Gottes Zuwendung.

Auf der Straße »Bist du das, die hier so gut riecht?«
Klaus fragt mich das, als wir uns morgens am Bahnhof begegnen.
Wir stehen natürlich weit auseinander, und doch weht ein Hauch
Parfüm zu ihm rüber. Und dann erzählt er etwas ganz Entzücken-
des: »Kennst du noch diese blaue Nivea Creme von früher? Die
hab ich mir immer gekauft und dann hab ich mir damit das Gesicht
eingecremt und anstelle von Pomade sie auch in meine Haare ge-
schmiert, als ich noch Haare hatte ... Das sah gut aus und ich habe
so gut gerochen. Aber die ist ganz schön teuer geworden und meine
Haut verträgt sie auch nicht mehr so gut.«
Ich muss lachen. Und gehe weiter.
Gut riechen, schön aussehen – das spielt natürlich auch für jemanden auf der Straße eine Rolle. Klaus zum Beispiel leidet an einer
Hautkrankheit, die er nicht gern zeigt. Dafür braucht er eine Creme,
die so teuer ist, dass er die Kosten von der Krankenkasse erstatten
lassen muss, bevor er sie kauft.

ALLERGIE

Über das katholische Bullshit-Bingo

Ich habe eine Allergie entwickelt. Gegen Betäubungsmittelsätze, so nenne ich sie. Sätze, die Diskussionen lähmen, Reformen behindern, Selbstreflexion unterbrechen. Es gibt sie überall in der katholischen Kirche, sowohl im pastoralen Sprechen in Kirchengemeinden als auch im kirchenpolitischen Jargon der Bischöfe. Ich habe sie einfach satt. So oft gelesen und gehört, so oft darüber den Kopf geschüttelt.

Solche Sätze dienen dazu – ob absichtlich oder versehentlich gesagt –, sich und andere zu betäuben oder sogar zu immunisieren: Um das Unangenehme an den immensen Herausforderungen nicht so stark spüren zu müssen, um zu verhindern, dass es näher kommt.

Zwei Bekannte spielen mit diesen Sätzen und Floskeln »Bullshit-Bingo«, wenn sie eine römisch-katholische Pressekonferenz zu einem der großen Konfliktthemen sehen: Wer zuerst eine Reihe mit Bullshit-Floskeln voll hat, gewinnt. Zwischenzeitlich auch sehr beliebt ist das, was die Journalistin Christiane Florin die »Erschütterungs-Erschütterungs-Erschütterung« genannt hat. Jedes Mal, wenn ein Bistum neue Gutachten zu sexuellem Missbrauch in Auftrag gibt und Ergebnisse präsentiert werden, die belegen, dass es Verfehlungen und Vertuschung gab, tritt sie wieder auf den Plan: Der Bischof erklärt, dass er erschüttert sei. Ach was, echt? Spätestens seit 2010 ist klar, dass es Missbrauch in großem Stil in der katholischen Kirche gab und dass es keine Einzelfälle in einzelnen Bistümern waren. Immer wieder neu die Erschütterung über die Erschütterung der Erschütterung zu bekunden – wo soll das hinführen? Und wem soll das vor allem helfen? Den Opfern sicher nicht.

Vor vielen Jahren habe ich ein Training zum Umgang mit Stammtischparolen gemacht. Eigentlich ging es dort um rassistische, rechtsextreme Sprüche, die im Alltag fallen, und um Strategien, wie mit ihnen umzugehen ist: Nach Quellen fragen, eigene positive Erfahrungen dagegensetzen, die Verallgemeinerung abbauen, mit Humor und Ironie reagieren, andere in die Diskussion einbeziehen, Gefühle thematisieren und Ich-Botschaften senden.

Diese allgemeinen Tipps helfen sicherlich auch bei all den kirchlichen Betäubungsmittelsätzen, die in den Gemeinden fallen, denn sie funktionieren ähnlich wie Stammtischparolen: Sie lähmen das Gegenüber erst mal, weil sie auf den ersten Blick schlecht angreifbar sind. Trotzdem begegnen wir ihnen oft anders, weil sie nicht so anrüchig sind wie gut erkennbarer Rassismus.

Aber sie stehen zu lassen, kann eigentlich auch keine Lösung sein. Und zugleich fallen mir persönlich die besten schlagfertigen Antworten immer erst 24 Stunden später ein.

Deshalb habe ich mir ein paar Schlagfertigkeiten als Antworten auf meine persönlichen »TOP 5« der katholischen Betäubungsmittelsätze überlegt – stellvertretend für all die Male, bei denen mir spontan keine gute Reaktion auf diese Sätze eingefallen ist. Ich glaube, dass es hilft, sich mit diesen Sätzen zu befassen: Ernst, aber auch mit einer gewissen Portion Ironie und Sarkasmus.

Platz 5 – Auf die Weltkirche/die Einheit verweisen: »*In anderen Teilen der Welt wird das ganz anders gesehen als hier in Deutschland!*«
Ja. Das kann sein. Die Frage ist nur: Wo gestalte ich gerade die Kirche mit? Auf welche Anfragen muss ich persönlich reagieren? Wer ist ak-

tuell meine Nächste, mein Nächster? Für wen bin ich verantwortlich, zuständig? Für wen ist mein Handeln relevant?

Um es einfacher zu sagen: Kann die Landesregierung von Nordrhein-Westfalen ernsthaft sagen, dass die bayrische Landesregierung eine Veränderung, die in Nordrhein-Westfalen gewünscht wird, für Bayern aber nicht will? Ja, kann sie. Aber wer käme auf die Idee, dass die Veränderung deshalb in Nordrhein-Westfalen nicht möglich ist? Oder dass dadurch der Zusammenhalt in Deutschland gefährdet wird? Der Verweis auf die Weltkirche, auf die Einheit hinkt gravierend. Denn der Föderalismus zum Beispiel in den USA zeigt: Eine übergeordnete Einheit gibt es auch mit regionalen kulturellen Unterschieden – niemand in den USA würde anzweifeln, dass es noch »die USA« sind, nur weil in einem Bundesstaat die Todesstrafe erlaubt, die queere Ehe aber verboten ist, während im anderen Bundesstaat das Umgekehrte gilt. Der Versuch, Ambivalenzen, gleichzeitige Ungleichheiten und Paradoxien mit Druck, Zentralismus und Konformität zu beantworten, artet politisch gesehen immer aus: in Spaltung, Unterdrückung, Bürgerkrieg und in Subkulturen, innere Emigration und Ungehorsam.

Wie schön wäre die Vorstellung, wenn auf den Verweis auf die Weltkirche automatisch mit dem Gegenverweis reagiert werden würde: »Richtig, woanders ist Kirche anders. Aber wir gestalten Kirche hier.«

Platz 4 – Rausschmeißen: »Dann werden Sie doch evangelisch!«
Glauben Sie mir, da hab ich tatsächlich schon drüber nachgedacht. Und ich habe es verworfen, aus einem einfachen Grund: Die katholische Kirche ist meine Heimat. Und nur weil ich sage, was mir an ihr nicht gefällt, lass ich mich noch lange nicht rausschmeißen.

Auch hier eine einfache Analogie: In einer Familie gibt es viel Streit, ein Kind wird kontinuierlich niedergemacht. Ein anderes

Kind sagt:»So kann ich hier nicht leben, ich will nicht, dass mein Geschwisterkind so behandelt wird.« Die Mutter reagiert sofort:»Dann zieh doch aus!«

»Kann man machen, aber dann is' es halt kacke«, würde meine Freundin dazu sagen. Familien und Kirchen sind vergleichbar, denn die Konflikte gehen unter die Haut, an beiden Orten wünschen wir uns, aufgehoben und zu Hause zu sein. Familien- oder Kirchenmitglieder rauszuschmeißen, weil sie andere Ansichten von gutem Zusammenleben haben als man selbst, ist ein unreifer Versuch, ein konfliktträchtiges Thema vom Tisch zu wischen. Und es unterstellt: Zugehörigkeit gibt es nur bei Zustimmung.

Platz 3 – Das Thema wechseln: »Die Kirche tut aber auch wahnsinnig viel Gutes!«

Jaaaaaaa! Sagt auch niemand was anderes. Ich habe noch nie gehört, dass die Engagierten im Synodalen Weg, von #outinchurch oder #liebegewinnt gesagt hätten:»Alles in der Kirche ist total furchtbar, und deshalb setze ich mich dafür ein, dass Frauen und queere Menschen endlich gleichberechtigt werden!«

Gutes tun und in zentralen Themen rückschrittlich sein widerspricht sich nicht. Umso wichtiger ist, dass wir einander erst einmal unterstellen, dass wir alle unsere Konfessionszugehörigkeit lieben und dass Kritik aus einer Verbundenheit, aus einer Spiritualität heraus erfolgt. Niemand kämpft um etwas, das sie oder er nicht liebt. Und auch wer bedingungslos liebt, ist am Wachstum des anderen interessiert.

Meine Antwort auf diesen Betäubungsmittelsatz wird also zukünftig sein:»Ja, sehe ich genauso. Können wir jetzt weiter daran arbeiten, die Probleme zu lösen?«

Platz 2 – Verantwortung verschieben: »*Ich persönlich sehe das ja auch so, aber das Kirchenrecht / die Tradition / das Lehramt ...!*«

Puh. Hier gehen mir die einfachen Vergleiche aus. Aber ich habe in der Vergangenheit von Theologinnen und Theologen etwas gelernt: Es sind längst alle Argumente auf dem Tisch, um sich für Veränderungen zu entscheiden. Um Frauen zu weihen, um queere Liebe zu segnen, um den Pflichtzölibat und die übrigen systemischen Gründe für sexualisierte Gewalt abzuschaffen. Und diejenigen, die die Entscheidungsmacht haben, können sie gebrauchen. Zum Beispiel, indem sie all ihre kirchenrechtlichen Spielräume als Bischöfe nutzen, anstatt sie verfallen zu lassen. Jeder Bischof kann sich öffentlich und schriftlich selbst verpflichten, die Grundordnung in seiner Diözese nicht anzuwenden, jeder Bischof kann aufgrund des Priestermangels argumentieren, dass auch Nicht-Priester taufen dürfen. So zu tun, als ob die eigene Gestaltungsmacht klein ist, halte ich für falsch. Ruth Cohn, die Begründerin der Themenzentrierten Interaktion, hat mal gesagt: »Freie Entscheidung geschieht innerhalb bedingender innerer und äußerer Grenzen. Erweiterung dieser Grenzen ist möglich.«

Entscheiden gehört zum Führen dazu. Eine Person mit Verantwortung, die von sich selbst sagt, sie würde etwas persönlich befürworten, ihr wären aber aus Gründen, die außerhalb ihrer Macht liegen, die Hände gebunden, versucht die Verantwortung abzuschieben. Aber sie trägt die Verantwortung trotzdem: für ihr Nicht-Handeln, ihr Nicht-Entscheiden – und für die Kirchenaustritte, Enttäuschungen und Verletzungen, die dadurch ausgelöst werden. Eine Frage der Aufrichtigkeit.

Platz 1 – Nicht-Relativierbares relativieren: »*Missbrauch gibt es doch auch außerhalb der Kirche!*«

Es ist einer der schlimmsten Sätze, die ich kenne, und er fällt immer noch viel zu oft. Die einfache Antwort ist: »Ja, das stimmt. Ich vergleiche das mal mit einem brennenden Haus. Sie stehen in Ihrem Haus, das brennt, und schauen aus dem Fenster. Anstatt den Feuerlöscher zu holen, nehmen Sie sich aber erst mal die Zeit zu schauen, ob es nicht auch beim Nachbarn brennt.«

Kann man machen, aber dann is' es halt …!

Auf der Straße An einem Morgen kurz vor Weihnachten ist Klaus
etwas aufgeregt. Ob ich denn noch mal kommen würde, vor Weihnachten? »Ja«, sage ich, »am Freitag, Mittwoch und Donnerstag.«
»Ich habe eine Überraschung«, sagt er.

Und die hat es in sich. Als ich am Mittwoch wieder am Bahnhof bin,
überreicht mir Klaus, umständlich aus einer Plastiktüte heraus, ein
glitzerndes Geschenk. Er strahlt: »Ich habe meinen Lieblingsleuten
dieses Jahr etwas gemacht. Als Dankeschön.«
Ich bin wahnsinnig gerührt, eile mit dem Geschenk in der Hand und
einem breiten Grinsen zum Zug.

Auf der Fahrt packe ich es aus: Es ist ein Fotokalender. Er hat zwölf
kleine Tierzeichnungen selbst gemalt, fotografiert, ausgedruckt und
aufgeklebt. Auf jeder Fotografie ist ganz klein sein Kürzel zu erkennen. Weil ich das Geschenk so toll finde, poste ich Bilder davon und
die Geschichte dazu auf Facebook.

Das Ergebnis ist: Meine Familienmitglieder und ein Freund schicken mir Geld. Sie wollen Klaus auch etwas schenken. Geld. Eine
warme Hose, Schuhe – je nachdem, was er braucht. Er soll selbst
entscheiden. Meine Mutter schreibt ihm dazu noch eine Karte. Und
er schreibt ihr zurück. Die Menschen bauen ein kleines Weihnachts-
wunder füreinander.

GOTT HÖREN

Über einen Ort, an dem Kirchenpolitik keine Rolle spielt

Die einzige religiöse Zuflucht, die immer für mich funktioniert, ist die in meinen Exerzitien. Egal ob ich in einem Kloster bin, an der See oder in einer Großstadt: In diesen Auszeiten gerate ich immer in einen tiefen Zustand des gläubigen Wohlbefindens. Während ich einige Tage ganz still werde, und nur wenige Einzelgespräche mit einem Priester führe, kommen meine großen Fragen auf den Tisch. Erstaunlich dabei ist: Keine von ihnen handelt von Kirchenpolitik. Alle gehen ans Eingemachte: Wonach sehne ich mich? Wo finde ich Halt? Was schmerzt und will heilen?

Wenn ich in den Exerzitien ankomme, erlebe ich immer eine Form von Überraschung: Nämlich darüber, dass mich mein Gesprächsgegenüber jedes Mal erst wieder neu darauf fokussieren muss, dass Gott in meinen Fragen und Gefühlen gegenwärtig ist.

Als ich das erste Mal in einem Kloster zum Schweigen gewesen bin, hatte ich zum Beispiel vor, für mich zu klären, ob ich nach der Probezeit weiter in meinem Job arbeiten möchte. Für beide Optionen gab es Argumente: aufgeben und etwas anderes, Leichteres, machen? Oder weitermachen, durchbeißen, lernen?

Der Mönch, der mich begrüßt hat, hat mich damals als Erstes nach meiner Beziehung zu Jesus gefragt. Und ich dachte:»Okay, das wird hier nix! Ich will eine Entscheidung treffen, und der kommt mir erst mal mit Jesus.«

Glücklicherweise ist dieser Mönch, der mich inzwischen seit vielen Jahren begleitet, ein zutiefst empathischer, kluger Mensch, und hat genau wie ich gemerkt, dass wir am zweiten Tag einen Neustart brauchten. Und so ist es gekommen: Er hat mir Bibelstellen mit in den Tag gegeben, ich habe gelesen, fünf, zehn, zwanzig Mal das Gleiche. Und ich bin gegangen: im Kreis durch den Wald rund ums Kloster, bin stehen geblieben, habe auf den Weg gestarrt, in die Bäume, der nahen Autobahn beim Rauschen zugehört. Und irgendwann sind die Worte aufs Papier geflossen, die Stimmen in mir haben Namen bekommen, und O-Töne. Und ich weiß noch, wie er mir am dritten Tag das Magnificat hingelegt hat, eine Bibelstelle, die ich bis dahin noch nie als interessant für mich in Erwägung gezogen hatte (Lk 1, 46–55). Er hat gesagt:»Schauen Sie sich an, was da steht! Schauen Sie es sich an, als ob es an Sie gerichtet ist.«

Das Magnificat war wie ein Auftrag, anders auf die Entscheidung zu schauen:»Denn Gott hat Großes an mir getan, er, der mächtig und heilig ist.« Die Kunst dieses Mönches war es, etwas anzubieten und darauf zu vertrauen, dass es in mir nachklingen wird. Dieses tiefe Vertrauen erstaunt und fasziniert mich immer noch – und noch mehr die Tatsache, wie erfolgreich das Konzept von Exerzitien insgesamt ist: Stille, Bibel, Gebet und Vertrauen. Und in diesen Vierklang mischt sich Gott, als ob es nichts Natürlicheres gäbe, als sich mit ihm verbunden zu fühlen und um seine Nähe zu wissen.

Das Kloster hat Sicherheit in mir gestiftet. Weil hier genau das im Fokus steht, weshalb ich katholisch bin: das Glauben. Das In-Beziehung-Sein mit Gott. Weil sich hier meine Hoffnung auf Wiedergutwerden in Gesprächen, Gebeten und im Gehen manifestiert. Weil mir hier Menschen das Gefühl zurückgeben, dass ich okay bin, dass ich geliebt werde, so wie ich bin.

Hier ist die katholische Welt noch in Ordnung, das Kloster ist wie ein Zufluchtsort für meine kirchenpolitisch geschundene Seele. Weil hier – so scheint es zumindest – der Vatikan, die Kirchenpolitik keine Rolle spielen. Es geht einzig um die vertikale Beziehung zu Gott, um das, was mich trägt.

Ein völlig anderes – nicht weniger erfüllendes – Exerzitien-Erlebnis habe ich in der Pandemie gemacht. Weil das Singen im Kloster verboten war und ich mir nicht vorstellen konnte, dort so gut aufgehoben zu sein wie sonst, habe ich mich entschieden, nicht in die Stille des geliebten Klosters einzutauchen, sondern mich ins Quirlen einer Großstadt zu stürzen.

Der Priester in der Großstadt hat mich nicht mit der Frage nach Jesus, sondern mit einem Glas Sekt begrüßt: »Weil du dir eine Woche Zeit schenkst! Weil ich glaube, dass Gott das großartig findet!«

Auch hier ist schon am ersten Tag alle Kirchenpolitik, alles Ernüchternde und Enttäuschende, was die katholische Führungsebene in Deutschland und dem Vatikan entscheidet und nicht entscheidet, von mir abgefallen. Stattdessen Sekt. Morgens Eucharistie, mittags Tischgemeinschaft, dazu ein Gespräch und ansonsten Schweigen, Gehen, Ausruhen, Schreiben und Nachdenken – und Feiern.

Der begleitende Priester hat mit mir gefeiert. In jedem Moment. Er hat gefeiert, dass ich da bin, gefeiert, dass Gott mich liebt, meinen Facettenreichtum, meine Fragen gefeiert. Und mir ist klar geworden: Ich habe lange nicht mehr Gott gefeiert – mit solcher Lebensfreude, mit solcher Intensität.

Hier habe ich gemerkt, dass etwas zu kurz gekommen ist, nämlich gute Nachrichten: die gute Nachricht von diesem radikal lebenden und liebenden Gott. Der mit mir mein Leben liebevoll und tröstend beschreitet.

Auch die gute Nachricht von Pausen habe ich zu lange nicht gewürdigt: von Jesus, der mitten in seinem vollen Alltag von Heilungen und Predigten an den See geht oder auf den Berg. Er zieht sich einfach zurück, um Gott zu hören, still zu werden, zu schlafen. Hab ich noch nie drüber nachgedacht. Es ist pure Seelenhygiene, was er da tut. Er zieht sich zurück, um Energie zu tanken.

Und nicht zu vergessen: die gute Nachricht vom Feiern, vom prickelnden Sekt zu Beginn: »Hier ist dein Gott, mitten in diesem mittäglichen Schwips, hier ist Freude, denn du bist geliebt. Vor aller Leistung, mit aller Schuld.«

In Exerzitien, egal wo, löst sich jedes noch so kleine Schuldgefühl in mir auf, denn alles kommt plötzlich vor Gott. Ich sehe mich selbst, meine Entscheidungen mit seinen liebevollen Augen.

Gute Exerzitien und ihre Begleitungen zeigen genau das: Gott liebt und umgibt uns. Voller Freude, mit tiefem Trost. In Ausnahmezeiten wie Krieg, Pandemie, und auch in dieser so schlecht regierten Kirche.

Für mich persönlich bedeutet diese Zuflucht eine Übung, die ich im Alltag immer wieder vergesse zu machen: Gott in meinen Entscheidungen herauszuhören, Gott um mich zu wissen, wenn ich seine Anwesenheit vergessen habe, auf sein Zutun zu vertrauen, wenn ich mich allein fühle.

Diese Zuflucht ist manchmal auch wie eine Art Geschenk, das ich mir selber mache, wenn mein katholisches Obdachlossein mich zu überfordern droht. Dann brauche ich einen Ort, an dem ich Gott hören kann, einen Ort, an dem ich in direkter, vertikaler Verbindung mit ihm stehe. Und dadurch dass sich in meinen Exerzitien-Erlebnissen die Kirchenpolitik glücklicherweise ausblendet, habe ich auch keine Übung darin, kirchenpolitische Ungerechtigkeit spirituell zu deuten, wie das gern geschieht. Im Gegenteil. Das Einzige, was ich darüber denke, ist: Gerade Kritik kann eine Form von Spiritualität sein.

Auf der Straße Es ist nach Weihnachten, meine Mutter möchte Klaus eine warme Hose schenken. Er geht deshalb zu C&A, schaut sich Hosen an und fotografiert eine, die ihm gefällt. Wenige Sekunden später steht ein Mann neben ihm: Man wolle nicht, dass er Kleidung fotografiere. Er würde nun hinausbegleitet werden.

Klaus erzählt mir das sehr ruhig. Er regt sich nicht auf, beschreibt nur die Situation.

In mir geht der Puls hoch: »Klaus, das geht gar nicht! Haben die sie noch alle? Glaubst du, ich würde aus dem Laden geschmissen, wenn ich etwas fotografieren würde? Sicher nicht!«

Er guckt erstaunt. Ich muss los, den Zug erwischen, und verabschiede mich. Später erzähle ich es meiner Mutter, die genauso entrüstet ist: »Was für eine Ungerechtigkeit! Warum wird er so behandelt?«

SPIRITUALITÄT DER KRITIK

Über eine urchristliche Erkenntnis

Klaus hat die Situation einfach hingenommen, als etwas Normales, das hinnehmbar ist. Was ihm im Kleidungsgeschäft geschehen ist, hat mit Abwertung zu tun. Er wird in unserer Gesellschaft einer bestimmten Klasse zugeordnet, die von außen als arm betrachtet wird. Das ist mit Vorurteilen ihm gegenüber verbunden, ob man will oder nicht. Ihm so wie der Sicherheitsdienst zu begegnen, ist klassistisch.

Ob man will oder nicht, hat aber auch Kritik an Systemen, zum Beispiel Klassismus-Kritik, mit den eigenen Privilegien zu tun. Ich habe das Privileg, am Umgang mit Klaus im Kaufhaus Kritik zu üben, ein anderer Mensch hat dieses Privileg vielleicht nicht. Was hätte es Klaus gebracht, dem Mitarbeiter gegenüber zu thematisieren, dass der Rausschmiss unangebracht ist? Wahrscheinlich nichts – Hausrecht genutzt, basta, aus. Vielleicht hätte die Kritik sogar nicht nur zum »Hinausbegleiten«, sondern zum längerfristigen Hausverbot geführt. Kritik führt zum Ausschluss, sie dient also als Ausschlusskriterium.

Kommt mir bekannt vor – in der Kirche.

Ein interner Kirchenkritiker und ich sprechen häufig über unser Identifikationsgefühl. Wir werden beide oft gefragt, warum wir noch bei »dem Laden« dabei sind oder was uns vom Kündigen, vom Austritt abhält.

Er sagt: »Ich tue das aus einer tiefen Spiritualität heraus, all das, was ich mache.«

Der Satz hallt lange in mir nach. Denn jedes Wort darin stimmt auch für mich. Kritik an der römisch-katholischen Kirche hat in mir keinen Spaßfaktor, ist kein Ego-Booster, wie es manche unterstellen. Ich mache das alles nicht, um mich zu profilieren, nicht, weil ich in die Medien will oder weil ich nichts Besseres zu tun habe.

Vielmehr ist es simpel und traurig, warum ich Kritik an der Kirche, ihrem institutionellen Versagen, ihrer Menschenverachtung übe: Ich übe Kritik, weil ich Christin bin – und damit ich es bleiben kann. Kritik ist nicht nur Martin Luther vorbehalten. Sein »Hier stehe ich. Ich kann nicht anders« ist programmatisch für das gesamte aufgeklärte Christentum.

Aus meiner Sicht ist Kritik auch programmatisch für das, was ich von Jesus Christus verstanden habe. Es geht ihm doch um nichts weniger als radikale Kritik an einem bestehenden, vereinheitlichenden System. Es geht in den Erzählungen und Gleichnissen um Überzeugung, um bahnbrechendes Vertrauen zu Gott und um unbedingte Liebe zum Menschlichen an den Menschen. Systemkritik ist ur-jesuanisch. Nie steht Jesus obrigkeitshörig, angepasst da und gehorcht, was die »da oben« sagen. Er lebt vor, dass wir aufständisch sein dürfen, weil Gott uns Menschen frei und groß macht.

Stehen die Kritikerinnen und Kritiker von heute nicht genau in diesen Fußstapfen? Glaubt wirklich jemand, dass die vielen, vielen Reformforderungen aus Jux und Tollerei entwickelt werden? Oder noch absurder: Glaubt wirklich jemand, dass Menschen der Kirche schaden möchten, indem sie Kritik üben?

Es gibt sie natürlich: diejenigen, die Kritik mit Unkatholischsein verwechseln – als ob zum Katholischen das Kritiklose gehören würde. Eine verrückte Vorstellung, wenn ich bedenke, wie frei uns Gott geschaffen hat. Wozu dient Freiheit, wenn nicht zum selbstbestimmten Denken? Zum Hinterfragen, zum Infragestellen dessen, was nicht schlüssig erscheint? Hat Jesus nicht genau aus dieser Freiheit gelebt?

Der Mann, mit dem ich über Kritik am kirchlichen System spreche, wird angefeindet. Mal nur beleidigt, manchmal bedroht, einzelne wünschen ihm den Tod. Alles nur, weil er »das Nest beschmutzt«, in dem es sich andere schon zu lange viel zu bequem gemacht haben. Weil er das stille Geschehenlassen anprangert, weil er auch die Zuschauer:innen kritisiert, nicht nur die Täter:innen.

Warum tut er das? Weil er es nicht gut sein lassen will. Weil er nicht akzeptiert, dass selbst die Vertuschung der sexualisierten Gewalt noch unter den Teppich gekehrt wird. Weil er von den Opfern und Betroffenen aus denkt und ihre Bedürfnisse vor den Schutz der Institution stellt. Weil er rechtschaffen ist, um ein sehr altmodisches Wort zu bemühen.

Dieser Mann ist spirituell. Zutiefst. Er kritisiert, weil er glaubt. Vielleicht nicht mehr an die »heilige, katholische« Kirche, wenn man »heilig« als »fehlerfrei«, als Gegensatz zum Makelbehafteten deutet. Aber ganz sicher glaubt er an den unbedingt liebenden Gott, den radikalen Kritiker Jesus Christus und den Heiligen Geist, der für Veränderung, Lebendigkeit und Erneuerung steht.

Und mit diesem Kritiker gemeinsam bin ich mit meiner Kritik spirituell, und genauso sind es all die anderen, die Kritik üben. Auch die, die aus Gewissensgründen aus der Institution der römisch-katholischen Kirche austreten, weil es sich für sie nicht mehr richtig anfühlt, diesem System Geld zu überlassen.

Wir Kritiker:innen sind keine anerkannte spirituelle Gemeinschaft, keine neue religiöse Bewegung, kein Verband und kein eingetragener Verein. Wir sind eine immer größer werdende Gruppe von Gläubigen, die im Angesicht der Missstände neue Wege sucht, zu glauben, ohne zu verdrängen, ohne blind und naiv zu sein.

Es ist ein Glaube im Bewusstsein, dass die Institution, zu der wir gehören, fehlerhaft ist, dass sie Menschen demütigt und Diskriminierung von Menschen zulässt.

Es ist ein Glaube, der versucht, die Paradoxie von menschenverachtenden Regeln und menschenliebender Botschaft auszuhalten, ohne dabei zu zerbrechen. Ein Glaube, der die Liebe höher stellt und sich für sie einsetzt, indem er die Regeln hinterfragt und das »War immer schon so« nicht stehen lässt.

Wie wäre es, wenn diese Kritik als eine der vielen Ausprägungen von Spiritualität gelten würde?

Für mich hat jede Kritik einen spirituellen Kern und enthält ein Verständnis für mündiges Christ:in-Sein: Sowohl die Kritik der Lauten, Eloquenten, Synodalen und Nicht-Synodalen als auch die Kritik der Leisen, die ohne viel Brimborium zum Amtsgericht gehen und austreten, die auf leisen Sohlen kehrtmachen und der Institution den Rücken zukehren.

Mündiges Christentum bedeutet Aufstand und Kritik gegen Ungerechtigkeit, gegen Lieblosigkeit. Es heißt auch, eine Meinung zu haben und zu ihr zu stehen.

Wie viele Menschen würden Vertreter:innen der Kirche gern mal ihre Meinung sagen, bevor sie austreten? Ich glaube, sehr viele.

Wie viele bleiben allein mit ihrer Ambivalenz, die der (potenzielle) Austritt in ihnen auslöst?

Ein befreundetes Ehepaar sitzt bei uns zu Hause am Tisch und berät sich mit uns darüber, ob es aus der Kirche austreten soll oder nicht. Alle Argumente, die die beiden nennen, sind uns bekannt und erschließen sich vollkommen. Für den Austritt spricht, dass sie fassungslos vor dem Umgang der Kirche mit sexualisierter Gewalt, Frauen und queeren Menschen stehen; dass sie die Fokussierung auf

Kirchengemeinden als zentralen Ort des Glaubens für altbacken halten; dass sie als Unternehmer:innen die Reform- und Innovationsbereitschaft der Kirche frustriert. Gegen den Austritt sprechen die christlichen Werte, die ihr Kind auf der katholischen Schule erlebt, dagegen sprechen die lange Verbundenheit und die scheinbar einfache Frage: Wohin mit unserer gelebten Spiritualität, wenn wir nicht mehr zum Laden dazugehören?

Das Paar ist, weiß Gott, sehr gläubig, langjährig in der Kirche zu Hause, beide haben viele gute Erfahrungen gesammelt, sind in ihrer Kindheit und Jugend im kirchlichen Kontext geprägt worden – und trotzdem sitzen sie bei uns und fragen um Rat, wie sie sich entscheiden sollen.

Die beiden sind keine Ausnahme, sie sind die Regel.

Die allermeisten Menschen, die in den letzten Jahren ausgetreten sind, haben noch Verbindungen zu ihrem Katholischsein, selbst wenn es nur die Oma ist, der man den Austritt lieber nicht preisgibt. Viele, die ich kenne, leben in einer ausgeprägt kritischen Haltung der katholischen Kirche gegenüber weiter, und werden von jedem neuen Skandal erschüttert – weil, so vermute ich, ein letzter Funke Hoffnung noch da ist, dass es irgendwann oder irgendwo doch noch eine stimmige Verbindung zwischen Evangelium und Kirche gibt.

Die Ambivalenz prägt die Religiösen vielleicht stärker, aber die Fragen nach dem Zugang zu katholischen Ritualen stellen viele: Was ist mit der kirchlichen Hochzeit, der Taufe unseres Neugeborenen? Wer beerdigt mich, wenn ich sterbe?

Sind diese Fragen denn nicht völlig okay, ja sogar zutiefst katholisch? Ist es auch nur ansatzweise verwunderlich, dass Menschen, die katholisch beheimatet sind, sich nach etwas Katholischem sehnen, das ihren Lebensveränderungen einen rituellen Rahmen gibt? Darf man diesen Menschen diese Wünsche absprechen, nur weil sie die römisch-katholische Kirche als Institution unaushaltbar finden?

Wer dagegen in der Kirche zahlendes Mitglied bleibt, lebt mit der Frage, ob es lauter ist, diesen Laden noch mit den eigenen Steuermitteln aufrechtzuerhalten. Und er oder sie muss sich die häufige Frage gefallen lassen: »Wie kannst du noch dort dabei sein – mit deinem eigenen Geld stützen, was da passiert?«

Wer den Schritt tut, wer geht oder gegangen ist, lebt dann oft mit den obdachlos gewordenen Bedürfnissen nach ritualisierter Spiritualität, nach religiösem Ausdruck, denn die wenigsten haben gelernt, kontinuierlich allein zu beten und Gottesdienst zu feiern. Der einfache Grund ist: Die Kirche war liturgisch gesehen immer ein Dienstleister, wenn auch an vielen Stellen kein zufriedenstellender Dienstleister mehr. Die Menschen sind nicht befähigt, ihren Glauben allein zu leben, denn das Katholische lebt von Gemeinschaft, von Communio.

Natürlich gibt es auch viele Menschen, denen der Kirchenaustritt nichts ausmacht, weil sie nie gebunden waren oder die Bindung ganz lange schon verloren gegangen ist. Sie empfinden die Ambivalenz sicherlich nicht so stark, aber Gespräche über Sinn, Sehnsucht und Glaube gibt es auch in ihrem Leben – und sie alle haben eine Geschichte zu erzählen: die Geschichte davon, warum sie ausgetreten sind. Diese Geschichten sollten die offizielle Kirche viel mehr interessieren – davon ist so viel zu lernen, daraus wären so viele notwendige Veränderungen abzuleiten.

Manche Menschen sagen, es handle sich um eine Glaubenskrise des Einzelnen. Religiöse Praxis sei verloren gegangen, und deshalb würden die Leute leichter austreten. Sind all die Leute, die mit ihrem Kirchenaustritt hadern oder ihn schon vollzogen haben, tatsächlich nicht (mehr) gläubig genug? Oder sind sie nicht einfach ausgesprochen mündige Christ:innen, die von der Freiheit, mit der Gott uns beschenkt hat, Gebrauch machen? Und ist nicht all die Kritik, die geübt wird, inzwischen eine gängige Form von Spiritualität?

Ich glaube, diese kritische Spiritualität und kritische Loyalität, in der sich viele befinden, ist zeitgemäßes Glauben, sehr sogar. Und vielleicht ist dieses anstrengende Glauben auch das einzige Zuhause, das reflektierte Katholik:innen noch haben.

Mir ist klar geworden, dass diese Art von »im Dienst der Kirche sein« keine ganz einfache ist. Denn wer der Kirche gegenüber sehr kritisch eingestellt ist und das mit einem Austritt besiegelt, gehört formal nicht mehr dazu. Und obwohl es das Denken vom »Volk Gottes« gibt, das sicher nicht mit der steuerlichen Mitgliedschaft in der Kirche deckungsgleich ist, gibt es auch eine Skepsis gegenüber Ausgetretenen unter liberalen Katholik:innen. Sonst hätte es wohl kaum einen solchen Aufschrei gegeben, als sich zwei zentrale Personen von Maria 2.0 zum Austritt entschieden haben.

Aber es gibt im Kirchenvolk auch eine ureigene Überzeugung, dass man nur von innen wirklich verändern kann, und dass man dazugehören muss, um Kritik üben zu dürfen. Das scheint unterschwellig, immer latent, selten offensichtlich durch, wenn in katholischen Kreisen übers Gehen oder Bleiben gesprochen wird. Das Perfide daran ist: Angeblich kann man nur von innen Kritik üben, aber wer es tut, wird ausgesondert.

»Alle sollen doch bitte Mitglied bleiben, ob sie kritisch sind oder nicht, und man solle die kritischen Menschen nicht zum Gehen auffordern«, schreibt eine Frau auf Facebook. Der Artikel wird in meiner Timeline oft geteilt. Mit Zustimmung.

Was dahinterliegt, ist eine tiefe Prägung. Natürlich wissen viele, dass das mit dem »Außerhalb der Kirche gibt es kein Heil« auch theologisch völlig aus der Mode ist, aber die eigene kulturelle Prägung ist dann doch eine andere. Man ist eben katholisch, Skandale und Fehlverhalten gab es immer schon.

Auch mich prägt das. Auch mich hat dieser Gedanke stark beschäftigt, als ich mich damit auseinandergesetzt habe, bei der Kirche zu kündigen. Dabei ist der Glaube, ist die Zugehörigkeit zu dieser Glaubensgemeinschaft doch kein »Entweder – Oder«, sondern vielmehr ein stetiges dynamisches »Hin und Her« auf einer Skala zwischen »Gehen und Bleiben«. Die einen schwimmen sich frei, indem sie den Job bei der Kirche kündigen, die anderen schwimmen sich frei, indem sie austreten. Wieder andere gehen in eine innere Emigration.

Das einzig Wichtige dabei ist doch, dass wir einander genau diese Freiheit lassen sollten, um unseren Glauben weiter leben zu können.

Nachdem ich meinen Job gekündigt hatte, habe ich ein Gespräch mit Paul Zulehner geführt. Wir haben in seinem Garten gesessen. Ich hatte irgendwie Sorge, dass er es schlimm findet, dass ich mich nicht mehr hauptberuflich für die Kirche einsetze.

Daraufhin sagte er nur: »Na, Regina. Wenn Menschen mit ihrer Christlichkeit hinausgehen und woanders wirken, dann wird das Reich Gottes größer und weiter – so wie der Nil, der über die Ufer tritt.«

Was für eine spirituelle Weite hat dieser Gedanke? Was für eine Freiheit sollten wir uns selbst und anderen gönnen?

Verrückt, dass es diese Weite nicht weit und breit gibt, wenn Menschen Kritik üben.

Eine andere Kritikerin sagte mal zu mir: »Das Katholischsein, das gehört doch zu meiner Person.« Sie hat recht, das Katholischsein lässt sich nicht so einfach abstreifen. Es ist nicht wie ein Kleidungsstück, das man ablegen könnte. Sondern mehr wie eine Haut, in der man lebt, und die zu einem gehört.

Umso wichtiger erscheint mir, zu lernen, dass Ausgetretene und Kritiker:innen ein wichtiger Teil der katholischen Gemeinschaft sind, dass sie im Volk Gottes dafür sorgen, dass es nicht träge wird, nicht in der Wüste stehen bleibt.

Die Kritikerin sagt außerdem: »Ich tue das alles aus einem Gerechtigkeitsempfinden heraus. Gerechtigkeit hat doch auch etwas mit dieser Religion zu tun.«

Ja, sehr viel sogar. Barmherzigkeit und Gerechtigkeit sind für mich ein christliches Paar. Denn wenn es nur Barmherzigkeit gäbe, und keine Gerechtigkeit, könnte man ja aller Kritik an den Fehlern mit dem Totschlagargument des Verzeihens begegnen. Die Gerechtigkeit verhindert das.

Zusammen sind sie unschlagbar: Wenn Gerechtigkeit dafür sorgt, dass Missstände aufgedeckt und geahndet werden, und Barmherzigkeit dafür sorgt, dass Menschen nach ihren Fehlern reflektieren, bereuen und neu anfangen dürfen, dann kann eine sehr gesunde Balance, eine katholische Menschenfreundlichkeit entstehen.

Wenn es um die Spiritualität der Kritik geht, gilt für mich eine ebenso simple wie wunderschöne Zusage: Die Menschen sind alle vom Heiligen Geist erfüllt, also im Wortsinne spirituell – wenn sie also Kritik üben, dann tun sie das (auch) durch die Geistkraft, die in ihnen wirkt.

Und das, was sie sagen, hat prophetische Kraft – ist es also nicht die Stimme Gottes, die aus ihnen spricht?

Das Prophetische wirkt vielleicht nicht im eigenen Land, also da, wo sie sprechen, wo sie Zeichen setzen oder ihren Kirchenaustritt bekannt geben, aber es wirkt langfristig tief in die Kirche hinein, trotz allen Widerspruchs, Unglaubens und Abwertens dessen, was sie sagen und was sie sind.

Deshalb wünsche ich mir, dass wir in der Gemeinschaft der katholisch verorteten Menschen eine innere Weite entwickeln, in der wir erkennen, dass auch in Kritik tiefe Spiritualität steckt – oder dass Kritik vielleicht sogar der explizite spirituelle Ausdruck von manchen Menschen ist.

Auf der Straße Die Frau sitzt vor der Kirche, direkt an der Tür auf den Stufen. Jeden Sonntag sagt sie hundertfach »Biiittäääh!« zu den Gläubigen, die an ihr vorbeieilen. In mir ist eine Mischung aus Scham, Schuld und Abwehr, als ich sie sehe. Einerseits macht sie mir bei jedem Mal, wenn ich ihr nichts gebe, bewusst, dass ich sie nicht als meine Nächste betrachte. Andererseits unterstelle ich ihr, dass sie genau dieses schlechte Gewissen voraussetzt und deshalb diesen Posten einnimmt.

Keine Ahnung, wie es anderen Gottesdienstbesucher:innen mit ihr geht. Und keine Ahnung, wie es ihr geht. Noch nie bin ich bei ihr stehen geblieben, habe mir Zeit genommen, sie zu fragen.

SPIELEN

Über Gottesdienste mit Kindern

Dezember 2020. Mein Sohn zieht den Stuhl hinter sich her. Ich lege den Finger auf die Lippen, ermahne ihn sanft, leise zu sein. Er strahlt. Der rote Stuhl hat genau seine Größe, er hat ihn im Seitenschiff entdeckt – auf einem Stapel anderer roter Stühle. Es ist der dritte Stuhl, den er die zehn Meter bis zu unserem Platz trägt-zieht-schiebt. Völlige Begeisterung. So leise wie er eben kann, spielt er dieses Spiel: Stuhl vom Stapel holen, Stuhl hochwuchten, und dabei »Schwer!« ächzen, zu mir schauen, zum Leise-sein-Appell kurz wissend nicken und weitermachen. Der Stuhl fällt um. Kracht mit der Lehne auf den harten Steinboden. Für einen Einjährigen verläuft das Spiel sehr leise. Für eine Eucharistiefeier verläuft das Spiel sehr laut.

Es ist Sonntagmorgen, ich habe es wieder versucht, mit den Kindern in die Kirche zu gehen: Beide – ein- und dreijährig – lieben die Kirche: die Musik, die Gesten, die Atmosphäre. Zu Hause sagt der Ältere:»Wann gehen wir wieder in die Kirche?« Und er scheint dieses Interesse ernst zu meinen, denn er wiederholt es wöchentlich. Das Problem ist nur: Wir passen nicht zusammen. Die Kirche und die Eucharistiefeier auf der einen Seite und wir Feierwilligen auf der anderen Seite. Denn Mitfeiern heißt bei Kleinkindern: Geräusche machen. Sie klatschen, trommeln und singen laut mit, wenn es ihnen gefällt.

Sie fragen, wann endlich das »Halleluja«, ihr Lieblingslied, kommt, wenn sie sich langweilen.

Der Ablauf der Eucharistiefeier für uns als Familie ist immer gleich: Platz suchen, ein bis sechs Minuten ruhig den Ablauf verfolgen, dann erste Bewegungen. Das Problem nimmt seinen Lauf. Denn je weniger die Kinder auf dem Platz bleiben wollen, desto höher steigt mein Stresspegel. Klar lächeln viele ältere Messebesucher:innen meine Söhne an, klar kennen sie einige vom Sehen, und ich weiß, dass sie mir nach dem Gottesdienst sagen werden, wie prima die beiden das machen. Aber es gibt es auch die anderen Gesichter, die »tzz, tzz, tzz« im Gesichtsausdruck stehen haben, die Leute, die betont aufmerksam versuchen zuzuhören, obwohl sie Ablauf, Worte und Lieder seit 79 Jahren Woche für Woche, wenn nicht sogar Tag für Tag erleben können.

Am Ende des Gottesdienstes bin ich erschöpft. Ich habe mich kaum selbst mit Gott in Verbindung setzen können, wie es mir früher sonntags gelungen ist. In mir ist Traurigkeit, weil ich meine Spiritualität nicht pflegen kann, während ich versuche, die Kinder in Schach zu halten. Und in mir ist Traurigkeit, weil meine Kinder nicht sie selbst sein können, während ich ihnen etwas von dieser Spiritualität zeigen möchte.

Wir gehen zum Fahrrad, der eine will nicht losfahren, der andere starrt, schon für den nahenden Mittagsschlaf bereit, vor sich hin.

Eine ältere Dame kommt auf mich zu, wir kennen uns flüchtig. Sie sagt: »Ist ein schöner Spielplatz, die Kirche, nicht wahr?« Ich erstarre. Wirklich – ich bin sehr schlagfertig. Aber in diesem Moment fehlt mir die Kraft, ihr einen Spruch zu drücken. Ich sage nur tonlos: »Ja.« Ich gucke sie sehr wütend und sehr lange an.

Sie sagt: »Ich würde das Evangelium schon gern verstehen!«

Und da erwache ich. Ich sage wieder »Ja«, steige aufs Rad. Und fahre.

Zu Hause schreibe ich eine Mail. An den Priester, der mich oft fragt, wann wir mal wieder in die Messe kommen. An den Pfarreiratsvorsitzenden, der das Gleiche fragt. Ich schreibe einen Text fürs Internet. In allen drei Texten stecken die ganze Wut und Erschöpfung einer Kirchgängerin mit Kleinkindern. Die Wut über die Dreistigkeit der Frau. Die Wut über die komplett kaputte Einrichtung in der Kinderecke der Kirche, in der weder Lautsprecher noch Heizstrahler funktionieren, und wo ich also nichts vom Gottesdienst hören kann, während sich die Kinder auf dem dreckigen Teppich die Finger kalt frieren. Die Wut über den kleinen Altar, den man dort neuerdings positioniert hat – weil er anderswo nicht mehr hinpasst. Die Wut über die realitätsfremde Idee des Pfarrers, dass Familien sich doch mit den kleinen Kindern in der Sakristei aufhalten könnten, wenn die Konzentration nachlässt. Die Erschöpfung nach 62 Minuten Gottesdienst, in dem ich wieder versucht habe, Unverbindbares zu verbinden: Kleinkinderlebendigkeit und Eucharistiefeier. Die Erschöpfung der Pandemie. Die Erschöpfung der Schlaflosigkeit, des Homeoffices bei geschlossenen Kitas.

Das Ergebnis der Mail ist: Null. Im Netz erfahre ich Rückendeckung, ja. Aber die Leute vom Pfarreirat? Sie diskutieren die Sache in einer Sitzung, sehr engagiert und kontrovers. Und sprechen danach indirekt an mich und alle Eltern einfach ihre Einladung noch einmal lauter – also im öffentlich ausgehängten Protokoll der Sitzung – aus: »Kommt, und seid, wie ihr seid.«

Ja. Die Einladung ist da.

Kommt, und seid, wie ihr seid. Das spüre ich aber nicht, wenn ich dann da bin und versuche, die Einladung anzunehmen.

Wenn ich da bin, spüre ich: Ich hätte mir besser eine Babysitterin genommen, um herzukommen. Wenn ich da bin, spüre ich: Wir sind die Einzigen, die Geräusche machen. Wenn ich da bin, spüre ich die Blicke auf mir, die mich und die Kinder beobachten.

Kommt, und seid, wie ihr seid. Das würde bedeuten: Einen Ort für die Familien schaffen, an dem Eltern und Kinder der Messe folgen können. An dem es warm ist. Und an dem es, wenn es richtig krass gut läuft in der Gemeinde, einen Wickeltisch, Spielsachen, Kekse und etwas zu trinken gibt: *und zwar jeden Sonntag.*

Warum ich das will: Weil Eucharistie Quelle und Höhepunkt des kirchlichen Lebens ist und ich damit aufgewachsen bin, mich sonntags in der Kirche gut aufgehoben zu fühlen – hier war immer mein Kraftort, mein wöchentlicher Reflexionspunkt, mein ritualisierter Trost. Und ich will, dass sowohl mein Bedürfnis danach als auch das Hineinwachsen meiner Kinder in meine Religion von Eucharistiefeiern begleitet wird.

Auch deshalb bin ich wütend: Wenn überhaupt werden nur alle paar Wochen, in der Pandemie viel seltener, mehr oder minder qualitätsvolle Wortgottesdienste für Familien mit Kleinkindern angeboten. Als ob diese Familien keinen Bedarf an der Höchstform Eucharistie hätten.

Als ob ich mit dem Moment, in dem ich Kinder bekomme, meine gewachsene Spiritualität vergesse und mich nur noch für Regenbogen, Arche Noah und andere kindgerechte Bibelgeschichten interessiere. Als ob ich von der Kinderpastoral religiös satt werden würde!

Ich habe einige dieser Wortgottesdienste besucht. Und ich bin jedes Mal wütend hinausgegangen. Weil es nicht gelingt, beide anzusprechen: Kinder und Eltern. Warum kann man nicht – in kleinsten Elementen, und sei es nur in einem Satz zu Beginn – den Eltern zu spüren geben: Wir wissen um eure Müdigkeit, eure Aufgeriebenheit zwischen Job und Familie, eure erschöpfte Partnerschaft – und wir geben euch jetzt eine Verschnaufpause, in der eure Kinder den Regenbogen tanzen, Kekse mampfen, etwas von Gott hören, und ihr ihnen einfach dabei zuschaut und wenn ihr mögt, selbst über eine religiöse Frage nachdenken könnt.

Warum gelingt das nicht?

Auf den Text im Internet melden sich zahlreiche Menschen mit Kindern, Ältere und Jüngere. Die Älteren sagen: »Das haben wir in den 1980ern, 1990ern, 2000ern auch schon hoffnungslos gefordert – nichts ist draus geworden. Jedenfalls nicht nachhaltig. Und unsere Kinder kommen längst nicht mehr mit.«

Die Jüngeren schreiben mir: »Wir haben 2, 3, 4 Kinder und sind seit 2, 3, 12 Monaten nicht mehr in der Messe gewesen. Wir fühlen uns nicht wohl, die Kinder langweilen sich ...«

Alles Leute, die, wie ich, vorher kirchlich durchaus eng verbunden waren. Alles reflektierte Erwachsene, die jetzt kleine oder kleinste Kinder haben. Ein enttäuschender Abbruch von liturgischen Biografien. Der nächste Kontakt kommt zur Erstkommunion, und dazwischen liegen erst mal leere Jahre. Für die Eltern, die ihre religiöse Sehnsucht nicht oder anders stillen müssen. Für die Kinder, deren religiöse Sehnsucht gar nicht erst wachsen kann.

Und bei uns allen ist offen, ob wir wirklich noch wiederkommen, wenn es heißt: »Ihr Kind ist eingeladen, die Erstkommunion mitzuerleben.«

Oktober 2021. Nach zehn Monaten ohne Eucharistie in einer Kirche mache ich einen neuen Versuch. Nicht mehr in der alten Gemeinde, in der mein kinderloses Ich zu Hause war, sondern in einer anderen. Eine Freundin hat mir davon erzählt. Sie meint: »Probier das mal aus, da sind immer viele Familien im Familiengottesdienst.«

Meine Söhne sind begeistert. Immer noch. Sie lieben christliche Lieder, vor allem das »Halleluja«. Sie lieben es, in die Kirche zu gehen. Wir fahren hin.

Beide rennen sofort in die erste Reihe, direkt an den Altar. Es ist Erntedankfest, Körbe mit Obst, Gemüse, Brot und einer Packung Nudeln stehen bereit.

Ich setze mich. Nervös. Erste Reihe. Wahrscheinlich keine gute Idee. Aber der Versuch, den fast Zweijährigen hinten in der Kirche zu halten, ist gescheitert: Wildes Schreien, er will nach vorne, wo er sehen kann. Es fühlt sich so an, wie ich mir die Situation in den Bibelgeschichten vorstelle, wo sich Menschen an Jesus herandrängen, egal wie krank, moralisch fragwürdig oder jung sie sind.

Der Gottesdienst beginnt. Eine junge Frau moderiert, fröhlich und zugewandt erklärt sie den Kindern, was heute passiert, dass später die Erntedankgaben gesegnet werden. Und da passiert es: Mein jüngerer Sohn geht nach vorn, er schaut sich das Obst an, strahlt, ruft »Trauben!!!« und stopft sich binnen einer Sekunde eine in den Mund. Mein Stresslevel steigt fast über den üblichen Kirchenpegel. Ich sehe ihn an, versuche, ihn zu mir zu winken, beschreibe ihm, dass er aufhören soll, die Gaben zu essen. Und höre die Frau plötzlich im Hintergrund durchs Mikro sagen: »Und manche sind so von Erntedank begeistert, dass sie direkt alles probieren. Und das ist okay so!«

Mein Cortisollevel sinkt – der Stress fällt von mir ab. Mein Sohn sitzt auf der Altarstufe, ein anderes Kind traut sich nun auch nach vorn, und gemeinsam inspizieren sie die Gaben, probieren das ein oder andere, und sitzen mitten im Geschehen.

Der ganze Wortgottesdienst ist kindgerecht, leichte Sprache, wenig Extras. Der Pfarrer hält sich im Hintergrund, erst zur Eucharistiefeier übernimmt er seinen Part. Als wir vorne stehen, und mein Dreijähriger, wie ich, die Hände für die Kommunion aufhält, sagt der Pfarrer zu ihm: »Noch ist es nicht so weit, aber ich hoffe, wir sehen uns zu deiner Erstkommunion!«

Spontan sage ich: »Das könnte klappen!«

Denn: Ja, so könnte es wirklich klappen, dass wir wiederkommen.

Nach dem Gottesdienst schwebe ich noch ein wenig, denn es war das erste Mal, seit ich Kinder habe, dass ich mit ihnen eine schöne Eucharistiefeier erlebt habe – und das fast ohne Anspannung. Wenn jetzt noch eine kleine Sequenz »Ansprache für mich als Erwachsene« dazukäme, wäre das Format perfekt. Und so wie ich andere Eltern kenne, glaube ich ziemlich fest, dass die Bude dann auch voll wäre. Wenn diese entspannte, frohe Atmosphäre mit ein wenig Nachdenklichkeit für die Eltern und am besten noch mit einem Spiel- und Essensangebot nach dem Gottesdienst verbunden werden würde, dann glauben Sie mir: Wir wären alle da. Denn Kinder stehen auf Liturgie, sie feiern gern mit. Und Eltern brauchen Räume, wo sie für sich selbst reflektieren können, wo sie einen kleinen Trost finden, wo sie in ihrer Rushhour des Lebens auftanken dürfen. Und hungrig und spielwütig sind die Kleinen immer – also warum nicht direkt die Familien für »Gottesdienst plus« einladen? Von mir aus mit einfachen belegten Brötchen und Kaffee, von mir aus sogar als Einladung für alle Gemeindemitglieder: Pfarrsaal zum Spielen, Verpflegung und Sitzgelegenheiten am Rand – fertig ist der perfekte Vormittag.

Es wäre ein echtes Fest, es wäre nachhaltig, es wäre voll mein Ding.

Und noch etwas: Stellen Sie sich mal vor, dieses Sonntagsangebot würde es geben – wäre das nicht der ideale Auftrag für eine:n pastorale:n Mitarbeiter:in, der:die auch selbst kleine Kinder hat? Könnten die nicht einfach mit zur Arbeit kommen und mit den anderen dieses Angebot genießen?

Empathische Menschen mit kleinen Kindern kennen die Sorgen von Menschen mit kleinen Kindern, wer wäre also besser geeignet als junge Eltern, die außerdem pastorale Mitarbeiter:innen sind?

Es würden eine Reihe von Fliegen auf einen Streich geschlagen: Die Mitarbeiter:innen könnten Beruf und Familie verbinden, eine völlig aus dem Blick geratene Zielgruppe würde erreicht und gebunden werden, der Sonntag wäre wieder ein Tag, an dem die Kirchen voll und das Pfarrheim noch voller wären …

Es klingt zu schön, um wahr zu sein.

Denn seien wir ehrlich: Kirchenvorstände und Pfarrgemeinderäte argumentieren selbst bei einer Kinderkirche gegen so manches, was Kinder brauchen; Mut und Innovationsdrang sind in vielen Pastoralteams begrenzt; die Angst, dass die kindgerechte Eucharistiefeier nicht theologisch genug ist, oder dass sich irgendwer beim Spielen im Pfarrheim verletzen könnte, killt den ganzen Impuls, etwas anders zu machen als sonst.

Ich träume deshalb weiter und lasse meine Kinder beim Zähneputzen »Halleluja« singen.

Auf der Straße Klaus und ich sprechen über seine Nachbarin. Er darf bei ihr waschen, weil er keine Waschmaschine hat. Allein die Vorstellung ist mir fremd: Meine Wäsche bei jemand anderem waschen müssen? Ist mir noch nie passiert. In diesem Moment spüre ich meine Privilegien wieder einmal sehr deutlich – wie normal die eigene Waschmaschine für mich ist, wird plötzlich zur Frage.

Klaus trägt all seine Sachen zur Nachbarin, auch die Dinge, die man vielleicht lieber niemandem zeigt, die eigene Unterwäsche zum Beispiel.

Und wir beginnen zu fantasieren: Er könnte mit dem Geld, das ich und andere ihm geben, ja eine eigene Waschmaschine kaufen, wenn er nur genügend lange spart. Es ist ein Projekt. Ich freue mich mit ihm. Er erzählt, dass er schon ausgemessen hat, dass in sein Bad nur ein Toplader, also eine dieser ganz schmalen Waschmaschinen mit der Öffnung obendrauf, Platz hat. Dennoch: In dem Vorhaben steckt so viel Würde drin.

Ich fange zu Hause an zu googeln. Die Waschmaschine beschäftigt uns wochenlang. Ich mache eine Geschichte im Radio darüber, fremde Menschen schicken mir Geld für Klaus und seine Hoffnung auf die eigene Waschmaschine.

BOXEN

Über die Leichtigkeit der Vielfalt

Vor sieben Jahren habe ich begonnen, zu boxen. Ich hatte so eine Wut in mir – und Rückenschmerzen. Sport habe ich bis dahin nicht besonders gern gemacht, Joggen finde ich langweilig, Fitnessstudio erst recht und für Mannschaftssport fehlte mir die Zeit für die Regelmäßigkeit.

Also habe ich einem Boxstudio geschrieben, ungefähr so: »Ich würde gern mal zum Probetraining kommen, aber ich bin unsportlich und will nicht gehauen werden.«

Die Antwort weiß ich noch: »Na klar, komm vorbei, du brauchst nicht sportlich sein, und du wirst nicht verletzt.«

Ich habe am Computer vor mich hin gegrinst: zu so einer Sportart gehen zu können, ohne sportlich zu sein, und mit der Zusage, dass ich nicht verletzt werde – das erschien mir unmöglich, aber irgendwie hatte ich Vertrauen gefasst.

Freitagabend: Beim ersten Training war nur ein einziger anderer Teilnehmer da. Ein athletischer, erfahrener Typ kurz vor seinem ersten Kampf. Wir sind Seil gesprungen, zehn lange Minuten, Liegestützen, Sit-ups, Kniebeugen zwischendurch. Schon hier habe ich mich gefragt, ob das eine gute Idee war.

Danach Schultertippen, ein spielerisches Einüben von Angriff und Verteidigung. Und dann haben sie versucht, mir die Grundlagen beizubringen. Das kann nicht leicht gewesen sein, denn ich bin körperlich wahrlich eine ziemlich ungeschickte Person.

Seitdem war ich jede Woche einmal da. Nach kräftezehrenden Konflikten im Job habe ich den Tag mit besonders viel Energie in den Boxsack geschickt. Ich habe meinen Stand gefestigt, meine Deckung verbessert. Selbst in den Schwangerschaften bin ich dort gewesen. Mitten unter breitschultrigen Kanten, einer Reihe von Frauen, und natürlich auch dickeren Menschen. Dass alle so unterschiedlich waren, dort im Training, das hat mir viel Sicherheit gegeben, dass ich auch so sein kann, wie ich im Sport nun einmal bin: ohne jede Ambition, aber mit viel Freude dabei.

Die Trainer haben immer das Gleiche getan: Alle haben die gleichen Aufgaben bekommen, und die Trainer haben genau gesehen, wer was für sich verbessern kann. Ich bin nie eine der Boxer:innen geworden, mit denen sie die Übungen für alle demonstrieren konnten, sondern bin immer eine in der letzten Reihe geblieben, wo ich mich minimal verstecken konnte.

Was ich aber in jedem Training erlebt habe, berührt mich immer aufs Neue, denn es ist unglaublich selten und kostbar: Wir waren alle okay, so wie wir da waren. Auch ich, die endlich einen Sport gefunden hat, den sie liebt und bei dem sie durchschnittlich sein kann: weder gut noch schlecht, einfach nur da, weil es Spaß macht. Und mitten in den Übungen habe ich immer etwas Metaphorisches entdeckt, was mir Auftrieb gibt: Zum Beispiel das »Stärken stärken« anstatt auf Schwächen herumzureiten; oder das Arbeiten an der Beinarbeit, damit mich niemand so leicht umstößt. Das Boxen hat mir wahnsinnig viel gebracht – körperlich und emotional.

Das Ziel war immer klar: Jede:r gibt sein oder ihr Bestes, und das reicht, um gemeinsam eine sehr gute, schweißtreibende gemeinsame Stunde zu erleben. Der Inhaber und allseitige Lieblingstrainer schaffte es mit absoluter Leichtigkeit, eine Atmosphäre zu erzeugen, an der ich teilhaben möchte. Er war nie beleidigt, weil ich selten kam, sondern freute sich jedes Mal, mich zu sehen. Auch hier: Er hatte ein Händchen dafür, die Menschen anzunehmen, wie sie sind, ohne viele Worte. Er sprach so, dass es auch die verstehen, die das erste Mal da sind. Er hat integriert. Alle Typen. Ob Führungskräfte, Handwerker, Steuerfachangestellte, Arbeitslose. Von keinem dieser anderen Menschen habe ich je gehört, dass er oder sie sich unwohl fühlt, zu stark oder zu leicht herausgefordert. Ich habe immer nur in verschwitzte, zufriedene Gesichter gesehen, in freundliche Augen mit verschmierter Mascara, auf erschöpft knallrote, aber grinsende Köpfe.

Am Ende jeder Stunde war ich total erschlagen. Und mein Körper hat ohne Ende Glückshormone ausgeschüttet. Ich habe mich mit Sack und Pack und mit einer inneren Leichtigkeit zum Bahnhof geschleppt, bin k.o. in den Zug nach Hause gestiegen und mit schweren Beinen wieder aus.

Als klar wurde, dass ich bald den Job wechsele, habe ich in Münster ein Boxtraining absolviert. Einmalig. Es war das Klischee von Boxen: Knurrige, alte Trainer, die auf Disziplin und Gehorsam setzen. Keine Fröhlichkeit. Kein Verständnis für meinen Mut zur Durchschnittlichkeit. Ambition sollte her. Also ging ich wieder.

Solange ich konnte, bin ich in Essen zum Boxen gegangen. Weil es so besonders dort ist. So einladend, so integrierend, so fröhlich.

Als ich dem Trainer gesagt habe, dass ich bald nicht mehr in Essen arbeite, hat er gesagt: »Dann kommst du nicht mehr? Das ist schade! Aber wenn du hier bist, bist du immer willkommen.«

Warum erzähle ich das alles? Weil ich in den Jahren beim Boxen unendlich oft gedacht habe: Es kann so leicht sein, andere zu integrieren. So leicht, eine Gruppe von völlig unterschiedlichen Leuten und Leben für eine Stunde zu begeistern.

Und natürlich habe ich dieses Boxtraining ganz oft innerlich auf die Kirche übertragen. Denn der Trainer hat eine Art Gemeinde geformt, ohne aufwändige Strategie und Planung, mit wenig Aufwand, aber mit erstaunlich hoher Wirkung.

Sein erster – genialer – Schritt war, alle einzuladen. Übergewichtige, Unsportliche, Frauen und Männer, sogar Kinder trainieren dort. Und weil er ahnt, dass nicht alle Frauen sich automatisch in einem gemischtgeschlechtlichen Training wohlfühlen, hat er Trainings nur für Frauen von Frauen anbieten lassen. Als Schutzraum, würde ich sagen. Und es gibt Einzeltrainings für die individuellen Ziele. Und natürlich Sparring für die, die sich wirklich auf die Nase hauen wollen, und Wettkampfvorbereitung – also für alle Geschmäcker etwas. Aber die häufigste Art des Trainings war das Standardtraining, wo sich die muskelbepackten Typen mit Menschen wie mir treffen, wo wenig gesprochen, aber viel geschwitzt wird, wo am Ende alle miteinander einen Kreis bilden und sich fürs gemeinsame Training bedanken. Wo Unterschiede respektiert werden und Menschen niemandem wehtun.

Übersetzt in die Kirche wäre meine Boxgeschichte ungefähr diese: Ich hätte zu Beginn einem leitenden Pfarrer geschrieben: »Hallo, ich bin nicht katholisch, und ich möchte auch nicht beten, aber ich würde gern mal zur Messe kommen!«

Und er hätte geantwortet: »Komm vorbei, kein Problem!«

Das »Komm vorbei!« ist auch in der katholischen Kirche nicht ungewöhnlich, insgesamt ist das pastorale Sprechen ja über die Maßen vom »Einladen« geprägt.

Aber wer dann vor Ort ist, erlebt oft, dass er oder sie in der eigenen Individualität gar nicht so gut ankommt wie erhofft. Während der Boxtrainer sein »Komm vorbei!« ehrlich offen formuliert hat, meint man in der Kirche damit eher: »Komm vorbei und sei wie wir!« Sei leise, erhebe dich, wenn sich alle erheben, knie nieder, wenn alle niederknien.

Natürlich ist auch beim Boxen eine Erwartungshaltung da, die Übungen mitzumachen. Aber ich habe dort wahnsinnig oft erlebt, dass Menschen wegen irgendwelcher Gelenkprobleme etwas nicht mitmachen konnten oder wollten, auch ich selbst konnte in den Schwangerschaften nicht jede Übung absolvieren – aber sofort war da eine Ersatzübung. Die Flexibilität gegenüber der Zielgruppe, die ich aus dem Boxring kenne, ist das, was ich mir auch in der Kirche wünsche. Das schnelle Reagieren auf das Gegenüber. Ohne darauf zu bestehen, was »normal« ist. Liturgisch gesehen ist das sehr selten. Es scheint eine besondere Kunst zu sein, vom lang erprobten, oft auswendig aufgesagten Standard abzuweichen, um kurz jemandem mit einem besonderen Bedarf ein Wohlbefinden zu ermöglichen.

Stellen Sie sich nur vor, es wäre völlig normal, dass Priester in der Eucharistiefeier all diejenigen auf angenehme Weise ansprechen, die nicht zur Kommunion gehen wollen oder das Gefühl haben, es nicht zu können. Die würdevolle Alternativen angeboten bekommen – jedes Mal.

Oder dass überhaupt vom Standardablauf einmal hochgeguckt werden würde – dass der Gottesdienst nicht einfach nur einem Skript folgt und wie eine Pflichtübung daherkommt, sondern mittendrin neu inspiriert wird, weil ein Baby schreit, eine Fürbitte hakt, ein interaktiver Moment passend erscheint – wäre das nicht lebensecht?

Dieses Abweichen vom Skript, das kenne ich in nur ganz, ganz wenigen Gottesdiensten, bei ganz, ganz wenigen, wirklich begabten Priestern. Das sind Männer, die eine innere Freiheit gegenüber den festgelegten Messabläufen haben, die theologisch in der Regel auch so reflektiert sind, dass sie keine Angst davor haben müssen, etwas falsch zu machen. Männer, die eine Antwort haben, wenn jemand darüber schimpft, dass sie sich nicht an die Regeln halten.

Gottesdienst könnte so viel dynamischer werden, wenn viele Liturgen etwas freier mit ihrem Drehbuch umgehen würden. Was haben sie selbst und was haben die Gläubigen davon, wenn der Gottesdienst einfach nur »durchgeboxt« wird?

Auf der Straße Einige Monate später hält Klaus mich eine Minute länger als sonst auf: Die Nachbarin zieht aus. Die Nachbarin mit der Waschmaschine. Er strahlt: »Sie will ihre Waschmaschine nicht mitnehmen, sie kauft sich eine größere für die neue Wohnung.« Ich sage: »Vielleicht kannst du ihr mit dem gesparten Geld ihre Waschmaschine abkaufen?«

Er sagt: »Sie will sie mir schenken!«

Es ist eine riesige Freude – die eigene Waschmaschine, so unkompliziert, als Geschenk.

Ob er ihr nicht doch etwas dafür anbieten möchte, frage ich.

Und er schaut mich mit seiner verschmitzten Art an und sagt: »Regina, ich habe ihr schon einen Umschlag in den Briefkasten getan!«

RESILIENZ

Über die Erschöpfung der Starken

»Ich möchte nie wieder resilient genannt werden!« Eine muslimische Feministin, die ich sehr schätze, hat diesen Satz auf Facebook gepostet.

Dazu schreibt sie: »Resilienz, das uralte Märchen, an das vulnerable Gruppen, Opfer, Marginalisierte, Survivor etc. glauben mussten. Und das sie unermüdlich und stolz weitererzählen. Ich auch.« Munise Cuma und mich verbindet eine respekt- und liebevolle Internetbekanntschaft. Live haben wir uns wahrscheinlich das letzte Mal vor zehn Jahren gesehen, aber wir folgen uns digital, und ich fühle mich ihr noch immer nah. Nicht wegen der alten Zeiten im interreligiösen Dialog, aus dem wir uns kennen, sondern wegen des Feminismus, der uns über unsere Religionen hinweg verbindet. Und weil Munise Cuma wahnsinnig humorvoll ist.

Ihre Sätze bleiben bei mir hängen. Ich halte mich auch für resilient. Biografiebezogen bin ich das auch, und katholisch betrachtet sowieso.

Aber warum halte ich – und mit mir viele andere – den Glauben an das »Trotzdem katholisch« hoch? Warum halte ich diese Kirche aus? Und vor allem, wie halte ich sie eigentlich aus? Ich spüre, dass meine Resilienz erschlafft. Und ich glaube, das ist völlig normal, je länger eine Anstrengung andauert.

Resilienz bedeutet im einfachsten Sinne Widerstandsfähigkeit, etwas genauer betrachtet kommt es vom Lateinischen »resilire« – zurückspringen, abprallen. Es geht um die Anpassungsfähigkeit an eine schwierige bis ungesunde Umgebung, um die Fähigkeit, erfolgreich zu überleben, was problematisch ist. Ob diese Herausforderungen und biografischen Einschläge dabei tatsächlich an den resilienten Menschen abprallen, oder ob diese vielmehr in der Lage sind, die Schläge und Stöße abzufedern, ohne aus dem Stand zu geraten, bleibt hier offen.

Katholisch gesehen bin ich lange resilient gewesen. Weiß Gott wie oft habe ich Menschen die Geschichte erzählt, »warum ich noch da bin«. Eine Geschichte, die erfüllt ist von meinem tiefen Glauben, dass Gott weit größer ist als diese bedrückend schwache Institution es in ihren Regeln, Verboten und Langsamkeiten erscheinen lässt. Gott ist so groß, habe ich gesagt, bei ihm ist Platz für all mein Leid, für alle Widersprüche meines Lebens, für meine Sinnlichkeit und Sehnsucht.

Diesen Resilienzmoment habe ich oft erlebt – auf Partys zum Beispiel, wenn alle zum Feiern zusammenkommen, und mir Menschen ganz ernst ihre Beweggründe geschildert haben, auszutreten. Ich konnte ihnen mit großem Verständnis folgen und wusste zugleich für mich: Das Licht hinter all dem Schatten leuchtet hell in meinem Leben.

Was hat sich bloß verändert? Wann ist diese tiefe, spirituelle Widerstandskraft erloschen bzw. wann bin ich katholisch so verwundbar geworden, dass ich jetzt dieses Buch schreibe?

Und was hat das mit dem psychologischen Ansatz von Resilienz zu tun?

Es gibt Kritik am Resilienzdenken. Zwei Aspekte erscheinen mir dabei besonders bemerkenswert: Zum einen können auch resiliente Menschen nicht reüssieren, wenn sie in Dauerkrisen geraten. So kann zum Beispiel eine Pandemie auch den allerbesten Unternehmer zum Aufgeben bringen, weil sich sein Geschäft durch die erschwerten Bedingungen nicht aufrechterhalten lässt. Zum anderen individualisiert der Resilienzansatz gesellschaftliche bzw. strukturelle Probleme, das heißt: Anstatt dass die Politik dafür sorgt, dass die Umstände sich verändern, werden Menschen aufgefordert, zu lernen, mit den Missständen umzugehen.

Als ich diese beiden Punkte überdacht habe, lag es für mich auf der Hand, warum mir die katholische Resilienz Stück für Stück abhandengekommen ist:

Die Pandemie hat dafür gesorgt, dass ich (allein oder mit meinen Kindern) erstens noch weniger qualitätsvolle liturgische, spirituelle Angebote erhalten habe als sowieso schon und ich diese zweitens unter solch absurd unnatürlichen Bedingungen erlebt habe, dass ein Wohlbefinden, ein Auftanken im liturgischen Kontext auf null gesetzt wurde. Ich könnte mich jetzt über die breit gestreute Fantasielosigkeit in Bezug auf coronakonforme, aber warmherzige Gottesdienste aufregen, aber das ist hier nicht der Punkt.

Vielmehr erkenne ich in der Pandemie eben jene Dauerkrise, die mir als Individuum mein resilientes Katholischsein – also mein erfolgreiches Glauben trotz der institutionellen Schwäche – zerstört hat. Vorher habe ich in Exerzitien, Gottesdiensten und Gemeinschaftssituationen so viel Liebe in diesem Glauben erlebt, so viel Zuversicht und Aufbruch im Kleinen, dass ich über die Verfehlungen, Erdbeben und Erschütterungen in der und durch die offizielle Kirche zwar nicht hinwegsehen, aber immerhin mit ihnen umgehen konnte.

In der Pandemie sind all diese Kraftorte weggefallen. Es sind in dieser Zeit viel zu viele kirchenpolitische Wutmomente, immense Irritationen und viel zu wenige Momente des spirituellen Aufgehobenseins entstanden.

Dazu ist Klarheit gekommen: Es sind strukturelle Fehler, die ich nicht individuell durch meinen persönlichen »Glaubenserfolg« (im Sinne von persönlichem Aufgehobensein) ausgleichen kann. Frauen nicht zu weihen, sie derart von den zentralen Führungspositionen fernzuhalten, queere Menschen zu verunsichern, zu beängstigen, auszugrenzen, Betroffene von sexualisierter Gewalt zu vertrösten, sie wieder und wieder in eine Opfersituation zu bringen: all das ist strukturell falsch. Das gleicht der Glaube, und sei er noch so innig wie meiner, nicht aus. Und ich muss aufhören, das zu glauben.

Glauben innerhalb dieser strukturellen Ungerechtigkeit kann nur ein Glaube sein, der diese Ungerechtigkeit anprangert. Es ist ein unbequemer Glaube, das Feel-Good-Moment darin wird sehr selten oder verfällt ganz.

Deutlich vor Augen getreten ist mir das beim letzten Katholikentag im Mai 2022. Stuttgart. Die Stadt als perfekte Kulisse. Denn hier stehen wunderschöne Altbauten, Kirchen und Denkmäler direkt neben riesigen Baulöchern. Unübersichtliche Hochhäuser versperren den Blick in den Himmel, und wenn man um die Ecke biegt, ist da plötzlich eine lebendige Kneipenstraße, auf der so viel Leben und Lebensfreude zu finden ist, wie es gerade eben noch unvorstellbar erschien. Stuttgart hat mir nicht gefallen. Die Stadt. Und trotzdem habe ich in den Tagen fantastische, versteckte Orte entdeckt, tolle Stunden verbracht und faszinierende Menschen getroffen.

So wie Stuttgart als Stadt war auch der Katholikentag als Veranstaltung. Zumindest für mich. Denn das Gros der Panels, der musikalischen Angebote und Stände hat mich genauso abgeschreckt wie die Stadt. Wie wenige Menschen interessieren sich heute noch für die diversen Podiumsformate? Wer fühlt sich bei den an allen Ecken stehenden Chören und christlichen Musiker:innen wohl? Für wen braucht es all diese Selbstdarstellungen von katholischen Organisationen, Vereinen und Verbänden? Und wie wirkt dieser katholische

»Zauber« auf die unbeteiligten Passant:innen? Diese Fragen waren meine ständigen, zynischen Begleiter. Und ich weiß, da spricht die nicht mehr allzu resiliente Katholikin.

Der Katholikentag – das sagten um mich herum fast alle in Stuttgart –, der ist wie ein großes Klassentreffen. Auch für mich stimmt das. Die Frage ist nur: Für welche Klasse? Denn wenn man die katholische Kirche in Deutschland mit einer Klasse vergleicht, wie traurig wäre dann diese Bilanz: 20.000 Leute waren da, ca. 20 Millionen Katholik:innen gibt es noch laut Statistik in Deutschland. Beim Klassentreffen waren also nicht mal 0,1 Prozent der Katholik:innen.

Die Resilienten werden sagen: »Ja, aber der Katholikentag hat ja auch gar nicht das Ziel, alle zu erreichen.«

Völlig richtig. Aber machen wir uns eins klar: Der Katholikentag ist das größte katholische Event in Deutschland und er erreicht so gut wie niemanden mehr. Er kostet unglaublich viel Geld, in Diözesen und im Zentralkomitee der Katholik:innen sind monate- und jahrelang eine Vielzahl von Menschen mit der Vorbereitung beschäftigt. Und es kommen: gerade mal ein Promille der Katholik:innen.

Das Ergebnis ist: Es ist ein sehr elitäres Klassentreffen.

Für Leute wie mich. Ich fahre zum Katholikentag, weil ich weiß: Hier treffe ich Altbekannte. Die, die ich mag, und die, um die ich schon früher einen Bogen gemacht habe.

Katholisches Klassentreffen heißt auch: sehen und gesehen werden. Wer ist zu welchem Empfang eingeladen? Wo gibt es abends die interessantesten Geschichten zu hören? Beim Flanieren über die Kirchenmeile schaue ich mir an, wer älter geworden ist, wer immer noch bei diesem oder jenem Verband arbeitet und wer es schafft, mit seinem Angebot ein paar Menschen am Stand zu binden. Wie beim Klassentreffen ist dieses Flanieren eine Aneinanderreihung von einzelnen tiefsinnigen Gesprächen, vielen Small Talks, ein stilles Grüßen oder ein Weggucken.

Beim katholischen Klassentreffen begegne ich meinen Verbündeten, die ich sonst nur digital kenne. Mit ihnen verabrede ich mich bewusst, wir nehmen uns Zeit, setzen uns an den gleichen Tisch, um in Ruhe zu reden. Wir erzählen uns von der Resilienz und Nicht-Resilienz, wir trinken Wein zusammen, essen gut und feiern eine kleine Tischgemeinschaft. Diese individuellen Begegnungen sind tief berührend. Von ihnen zehre ich, wenn ich wieder wegfahre.

Beim Klassentreffen gibt es auch einen Anlass – die meisten von uns haben irgendeinen Auftrag, mit dem sie da sind: Standdienst, Moderation, Podiumsteilnahme.

Mein Anlass ist ein Podium:»Gehen oder bleiben? Frauen in der Krise. Vom Ringen um den Kirchenaustritt.«

Wie unser»Beziehungsstatus« sei, fragt der Moderator. Und bis auf eine sind alle auf dem Podium noch drin in der Kirche. Es zeigt sich schnell, dass das Bleiben viel mit Resilienz zu tun hat, auch mit der Fähigkeit, strukturelle Ungerechtigkeit mit sich persönlich auszumachen: Durch Veränderungsinitiative, Verbundenheit zur eigenen katholischen Biografie – und mit einer sonderbaren Alternativlosigkeit: Wie sollte ich katholisch sein, wenn ich nicht in der Kirche wäre?

Im deutschen steuerlich konnotierten Katholizismus gibt es nur Drinnen und Draußen, eins und null.

Ich denke: Das passt gar nicht zu der Vielschichtigkeit der Zugehörigkeiten, zu den Schattierungen und Nuancen, zu den Graustufen zwischen Schwarz und Weiß. Und diese formale Mitgliedschaft passt nicht zur theologischen Zusage: Wer getauft ist, ist Christ:in. Ob er oder sie nun Steuern zahlt oder nicht. Die Zugehörigkeit zum Volk Gottes hat eine völlig andere Qualität.

Beim Podium sage ich so etwas wie:»Tun Sie das, was Ihnen guttut! Wir alle können und dürfen uns auf der weiten Skala des Drinnen und Draußen frei bewegen, je nach Energielevel, je nach Freiheitsempfinden, je nach katholischer Resilienz. Die vermeintliche Alternativlosigkeit darf und muss angefragt werden. Menschen müssen spüren: Hier gibt es viel mehr als Drinnen und Draußen, viel mehr als Schwarz und Weiß.«

Ich zum Beispiel hatte in den letzten Monaten im katholischen Anstellungsverhältnis immer stärker das Bedürfnis, wenigstens die Freiheit zu haben, überhaupt austreten zu können. Auch deshalb habe ich bei der katholischen Kirche gekündigt. Um mir die Freiheit zu sichern, auszutreten, wenn es für mich nicht mehr geht. Und schon in den ersten Wochen im neuen Job habe ich gemerkt: Die Freiheit, gehen zu können, reicht mir aus. Ich muss den Austritt nicht vollziehen, er ist (noch) nicht dran.

Es ist das eine, sich zu erlauben, auf der Skala des Drinnen und Draußen frei hin und her zu pendeln. Das andere ist: Auch im Engagement für die Veränderung dürfen Menschen dynamisch sein. Auch wenn es im Engagement-Katholizismus oft anders wirkt, gibt es meines Erachtens keine Pflicht, an der Veränderung in der katholischen Kirche mitzuwirken. Menschen dürfen auch einfach nur da sein, die eigene spirituelle Sehnsucht im Gottesdienst stillen und sich aufgehoben fühlen.

Die Turnhalle, in der das Podium stattfindet, ist übervoll. Die Menschen geben Szenenapplaus, weil wir Frauen vorne ihnen aus der Seele sprechen. Was mich besonders berührt, sind die Verschiedenheiten, mit denen wir argumentieren, und der gleichzeitig große Respekt, mit dem wir miteinander sprechen.

Am Ende kommt eine Frau aus dem Publikum zu mir. Sie hat Tränen in den Augen, weil ihr die Weite unseres Denkens so viel Erleichterung verschafft hat. Kurz spiegeln sich auch meine Tränen. Ich gehe sehr bewegt weg – wie aus einem besonders guten Gottesdienst.

Im Nachgang denke ich: Gerade im Hinblick auf die eigene Resilienz darf jeder Mensch frei und immer wieder neu entscheiden. Tut mir dieses Ehrenamt noch gut? Will ich in diesem Gremium noch mitwirken? Möchte ich für die Gemeinde dieses Jahr wieder Kuchen backen?

Denn je schwieriger die Situation in der katholischen Kirche ist, je weniger Menschen noch da sind, je herausfordernder die Kirchenkrise wird, desto anstrengender ist auch das Katholischsein. Und wie beim Resilienzdenken auf politischer oder gesellschaftlicher Ebene droht auch im katholischen Resilienzdiskurs eine Individualisierung von strukturellen Problemen.

Wer sich heute im Katholischen weniger froh, sondern eher belastet und erschöpft fühlt, spiegelt in sich die Situation der Kirche. Er oder sie muss sie aber nicht allein lösen. Denn es sind strukturelle Probleme, die die Institution zu lösen hat!

»Ich möchte nie wieder resilient genannt werden!«

Das Zitat, das Munise Cuma auf Facebook über Resilienz geteilt hat, geht noch weiter (frei übersetzt aus dem Englischen): »Ich träume davon, in meinem Leben niemals wieder resilient genannt zu werden. Ich bin von der Stärke erschöpft. Ich will Unterstützung. Ich will Weichheit. Ich will Leichtigkeit. Ich will unter meinesgleichen sein. Nicht dafür auf die Schulter geklopft bekommen, wie gut ich einen Schlag aufgenommen habe. Oder wie viele.«

Munise Cuma zitiert hier Zandashé L'orelia Brown, eine afroamerikanische Schriftstellerin und Regisseurin.

Mir ist bewusst, dass in ihren Worten sicherlich weit mehr Leid steckt als in meiner Reflexion hier. Ich habe größten Respekt vor ihr und ihrer Geschichte, in der ich Sexismus- und Rassismuserfahrungen vermute.

Ihre Worte könnten aber auch von verletzten, ausgegrenzten oder viktimisierten Menschen in der katholischen Kirche gesagt werden. Und es ist bitter, das zu erkennen.

Die römisch-katholische Kirche sorgt dafür, dass Menschen meinen, resilient sein oder werden zu müssen. Dass sie meinen, etwas leisten zu müssen. Dass sie die strukturellen Probleme auf die eigenen Schultern laden und drohen, darunter zusammenzubrechen. Und das ist falsch.

Ich möchte in Freude und nicht im Widerstand katholisch sein – und ich wünschte, dass das für alle Menschen gilt, die sich ursprünglich oder irgendwann in ihrem Leben in der katholischen Kirche beheimatet gefühlt haben: Dass sie Unterstützung, Weichheit, Leichtigkeit erfahren – durch ihren Glauben und, wenn sie möchten, in der katholischen Kirche. Dass sie nicht zu Resilienz gezwungen werden, dass ihre Grenzen geachtet werden.

Auf der Straße In den ersten Monaten von 2020 sind die Straßen gähnend leer – Lockdown. Auch für die Wohnungslosen, für die Bettler:innen heißt das: null Euro. Keine Pendler:innen, keine Reisenden am Bahnhof. Nichts los, niemand, der etwas Kleingeld übrig hat. Klaus ist trotzdem da. Vielleicht nicht so oft wie sonst. Ich weiß es nicht. Denn ich selbst bin auch zu Hause, mühe mich mit zwei kleinen Kindern, dem Eingeschlossensein und meinem Vollzeitjob ab. Auf meinen Bekannten am Bahnhof achte ich in diesen Wochen kaum.

TREPPEN STEIGEN

Über Kirche im eigenen Haus

Im Frühjahr 2020 ist das Sehnen groß. Ein immenses Bedürfnis nach Gottesdienstgemeinschaft wächst in einer doppelten Ausnahmesituation, denn wir sind an unser Zuhause gefesselt wie nie: durch den ersten Lockdown und zwei Kleinstkinder. Auf einen Schlag entfallen alle Möglichkeiten, sich zu erholen: Die Kitas schließen, Spielplatzbesuche sind verboten, die Kirchen bieten keine Gottesdienste mehr an, die Erwerbsarbeit am Computer ist der einzige »Rückzugsort«. Und da lauern ganz andere Hindernisse ...

An einem Freitagabend lege ich einen Zettel auf den Briefkasten in unserem Mehrfamilienhaus, zum Ankreuzen:

☐ Wer von euch hätte Lust auf einen gemeinsamen Gottesdienst im Hausflur?

☐ Wer hat keine Lust, findet es aber okay, wenn er stattfindet?

☐ Und wer fühlt sich damit unwohl?

Drei der fünf Parteien haben Lust, die anderen lassen uns gewähren.

Die erste Feier findet am Palmsonntag statt, abends, als die Kinder endlich im Bett sind, schiebt mein Mann das Klavier an die Wohnungstür, ich stelle im Treppenhaus Kerzen auf, auf jedem Absatz eine Sitzgelegenheit für eine Familie. Und ich lege ein Seil die Treppe entlang.

Die Nachbarn kommen, alle sind etwas verlegen, noch kennen wir uns nicht besonders gut, aber wir wissen voneinander, dass wir religiös sind.

Wir feiern einen Wortgottesdienst, ich habe im Vorort bei einem Mann drei Buchsbäume abgeholt – eine Zufallsbegegnung bei einem der vielen Radausflüge, um die Kinder zu lüften. Die kleinen Bäume stehen wuchtig und ungelenk auf der Treppe. Der Nachbar ist Diakon und liebt Pflanzen, seine Frau singt viel, mehr wissen wir nicht.

Wir fragen, wer etwas in der Feier übernehmen möchte, und bitten den Diakon, die Zweige zu segnen. Mitten im Gottesdienst bricht Gelächter aus, denn der Nachbar aus dem vierten Stock kommt mit einem Sixpack Bier vom Einkaufen zurück, bietet allen etwas an und bahnt sich seinen Weg durch unsere Feier.

Den Frieden wünschen wir uns mit dem Kletterseil, das von oben nach unten alle verbindet – wir nehmen es in die Hände, verbunden auf Abstand. Es berührt mich sehr, denn der fehlende Körperkontakt tut mir im Lockdown am meisten weh.

Mit dem nächsten Zettel frage ich die Nachbarn, ob wir auch die Kar- und Osterliturgie im Treppenhaus feiern wollen – sie kreuzen »Ja« an. Gründonnerstag. Wir legen allen ein Stück Brot, eine Schale mit warmem Wasser, einem Tropfen Orangenöl darin, und einen Waschlappen an ihren Platz. Wir erinnern uns an das letzte Abendmahl, kauen auf der warmen Brotkruste herum und waschen uns selbst das Gesicht, waschen alles ab, was in uns gerade unruhig, unglücklich ist. Eine Nachbarin hat eine Laterne und ein Kreuz mitgebracht. Am Ende der Feier tragen wir beides gemeinsam hinunter durch den Keller in den Garten. Ein paar Minuten wachen und beten wir noch da draußen, bevor alle zurück in ihre Wohnungen gehen.

Am Karfreitag treffen wir uns bei Sonnenschein im Garten vor der Laterne und vor dem Kreuz, ich habe im Baumarkt ein Kilogramm dicke, lange Nägel gekauft, das Baby strampelt auf der Decke, der Zweijährige sitzt im Sandkasten – es ist der erste Gottesdienst, den wir mit beiden Kindern entspannt erleben.

Wir lesen die Passion und singen ganz leise die Lieder, irgendwie ist es schon ein wenig peinlich, sich draußen als Christ:innen zu outen, während auf dem Balkon im Nachbarhaus jemand kifft und woanders der Rasenmäher läuft. Nacheinander nehmen wir die Nägel, einzelne oder eine ganze Handvoll, und schütten sie vor das Kreuz – eine legt sie, einer wirft, eine knallt ein ganzes Bündel Jesus hin –, meine Augen werden feucht. Wir löschen die Kerze und starren auf den Rauch, der entweicht.

Die gemeinsame Feier bekommt etwas Routine – wir bauen auf und ab, starten immer erst, wenn alle bereit sind. Eine Nachbarin fertigt spontan für alle Haushalte Osterkerzen an, der Diakon erklärt sich etwas scheu dazu bereit, das »Lumen Christi« und »Dies ist die Nacht« zu singen. Weil er so zurückhaltend ist, vermute ich bis zum letzten Augenblick, dass er nicht singen kann.

Osternacht. Mein alljährlich heiß ersehntes liturgisches Hochfest. Die Söhne der einen Familie entzünden das Feuer, der Diakon segnet die Osterkerzen, und wir ziehen vom Garten durch den Keller als kleine Prozession nach oben ins Treppenhaus. Der Diakon kann singen, stelle ich gerührt fest, als er im Keller anstimmt. Und das Treppenhaus hat eine Akustik, die so manch kleinem Kirchenraum in nichts nachsteht. Mit dem Gesang nur weniger Menschen ist sie trotzdem da, die Gänsehaut. Wir feiern die schönste Osternacht meines Lebens.

Seit 2020 haben wir weitere, einzelne Treppenhausgottesdienste gefeiert. Aber vor allem sind wir als Nachbarn sehr nah zusammengerückt – durch die Pandemie und die Gottesdienste. An Nikolaus und Ostern liegen an allen Türen kleine Überraschungen, wir leihen einander Fahrräder und Werkzeug, die Geschickten reparieren etwas für die Ungeschickten, die Kopfmenschen redigieren etwas für die Praktiker:innen, wir geben uns Kuchen und Gegrilltes ab. Der Partynachbar trägt mir die Kinder nach oben und ich ihm seine Pakete. Alle fragen einander, wie es geht.

Für diese unerwartet innige Nachbarschaft ist in mir extreme Dankbarkeit gewachsen, denn unser Zusammenleben ist nicht mehr nur freundlich-gleichgültig, im Haus steckt jetzt Nächstenliebe – ganz religiös begründet, ganz praktisch in der Spiritualität.

Eine solche Hausgemeinschaft mitten in der Großstadt zu erleben, obwohl wir zugleich weiterhin großstädtisch diskret mit Krach, Streit und Intimität der anderen umgehen, ist ein gelingender Balanceakt, der dafür sorgt, dass niemand aus diesem Haus ausziehen will.

Ein Mann hat unsere Gottesdienste einmal etwas abfällig als »Privatchristentum« bezeichnet. Bis heute bin ich wütend über diesen Ausdruck. Denn Feiern im eigenen Haus, Hausgottesdienste, sind doch ur-jesuanisch – Jesus hat in ganz normalen Häusern das Brot gebrochen und den Segen gesprochen, hat ganz normale Tischgemeinschaften zu spirituellen Höhepunkten gemacht, hat dabei Lebensveränderungen für Menschen bewirkt.

Wie klein denkt dieser Katholik, der »Privatchristentum« sagt, eigentlich von Gottes Wirksamkeit? Müssten wir Christ:innen in der heutigen Zeit nicht viel mutiger werden, uns mit denen zusammenzutun, mit denen wir gern Gottesdienst feiern wollen, anstatt Sonntag für Sonntag nach offiziellen Messen zu suchen, die nicht total furchtbar sind?

In mir ist mit den Treppenhausgottesdiensten ein Mut gewachsen. Der Mut zu sagen: »Ich würde gern mit euch beten, gern mit euch eine Feier feiern, in der Gott vorkommt.« Und deshalb wünsche ich mir auch, dass aus diesem Buch nicht nur Nachdenken entsteht, sondern vielleicht auch hier und dort gemeinsamer Gottesdienst. Dass Menschen sagen: »Wir fühlen uns irgendwie obdachlos katholisch und wir wollen mit diesem Gefühl einen Gottesdienst zusammen feiern.« Aber wie könnte der sein?

Vor allem bräuchte dieser Gottesdienst eine große innere Freiheit, alle Teilnehmenden so sein zu lassen, wie sie sind, denn nur weil wir uns gemeinsam obdachlos in unserem Katholischsein fühlen, heißt es nicht, dass wir gleiche liturgische Interessen pflegen. Die Freiheit ließe sich aber liturgisch abbilden:

Zum Beispiel, indem die Predigt durch ein offeneres Format ersetzt wird, etwa »Bibel teilen«, wobei die Beteiligten das Evangelium ein- oder zweimal hören (und vielleicht dazu noch zum Lesen bekommen) und dann die Möglichkeit haben, ihre persönlich nachklingende Stelle laut auszusprechen.

Oder indem die Fürbitten demokratisiert werden: Alle können einen Namen einer Person oder eine Sache laut aussprechen, für die sie beten wollen, oder alle können eine kleine Kerze anzünden, als stilles Symbol für ihre Fürbitte.

Oder indem der Gottesdienst den Menschen an geeigneter Stelle eine Wahl lässt, was ihnen gerade am besten tut: So könnten sich die einen segnen lassen, die anderen etwas für sich aufschreiben, die nächsten der Musik lauschen und wieder andere mit jemandem eine Sorge teilen.

Die Ideen, die ich mit Freiheit im Gottesdienst verbinde, sind absolut nicht neu. Aber sie haben etwas in sich, das ich für obdachlos katholische Menschen nicht mehr wegdenken möchte: Wir sind alle mündig, und jede:r von uns hat eigene Vorstellungen, wo die spirituelle Sehnsucht gut aufgehoben ist. Ein Gottesdienst muss das abbilden, wenn er gewinnen anstatt abschrecken will.

Auf der Straße Die Waschmaschine steht längst bei Klaus, als er mir einige Monate später sagt:»Ich habe nicht mehr all das Geld, das du und andere für die Waschmaschine zusammengetragen haben. Ich habe die Hälfte anders ausgegeben.«

Es tut mir gut, dass er das sagt. Denn längst war in mir eine gewisse Besserwisserei entstanden, was er wohl mit dem Geld nun anstellen könnte. Obwohl ich versucht hatte, nicht darüber nachzudenken, habe ich mich trotzdem gefragt, was er mit dem Geld macht, das wir ihm geschenkt haben.

Ich ermahne mich, an den einfachen, wie richtigen Satz zu denken: »Wenn du das Geld erst mal gegeben hast, geht es dich nichts mehr an, was der Mensch damit macht.«

Ich will bettelnde Menschen nicht bevormunden, ich kaufe ihnen keine belegten Brötchen, wenn sie das Geld für etwas anderes brauchen. Es ist ihre freie Entscheidung. Und sobald ich etwas gebe, muss ich akzeptieren, dass der Mensch damit macht, was er für richtig hält.

Für Klaus und meine Beziehung ist es trotzdem gut, dass er mir das erzählt, weil er damit ein gewisses Maß an moralischer Überheblichkeit in mir maßregelt, ohne es zu wissen.

ZUHÖREN

Über Seelsorge in sozialen Medien

»Morgens um fünf vor sechs liege ich noch im Bett, ich habe den Radiowecker direkt auf der Brust liegen, damit mir Ihre Stimme ganz nah ist.« Das schreibt mir eine Frau zum Abschied. Es ist Sommer 2022, mein letzter Beitrag von »Kirche im WDR« wird gesendet. Acht Jahre Verkündigung im Radio mit fast zwei Millionen Hörer:innen gehen zu Ende. Die Frau ist traurig, und ich bin es auch.

So verrückt das wirken mag: Es ist eine Gemeinschaft zwischen den größtenteils völlig unbekannten Hörer:innen und mir entstanden. Ein leises Verbundensein von der einen Seite, das ich auf der anderen Seite mit meinen Geschichten beantwortet habe. Der Auftrag bei der Radioverkündigung ist so einfach wie anspruchsvoll: Über den katholischen Glauben zu sprechen, mitten in den morgendlichen Alltag von Menschen in ganz Nordrhein-Westfalen hinein, von Menschen aus allen Altersgruppen und Lebenssituationen.

Das geht nur gut, wenn ich etwas sage, das für die Menschen Relevanz hat, etwas, woran sie andocken oder was sie kritisch hinterfragen können.

Über die Jahre habe ich einige von ihnen wenigstens ein bisschen kennengelernt, und während es zu Beginn noch ziemlich viel Überwindung gekostet hat, auch denen freundlich zu antworten, die ihr

Feedback ziemlich unfreundlich formulieren, habe ich das später gern gemacht. Jeder Mensch, der sich bei mir gemeldet hat, hat etwas von sich, vom eigenen Denken von Gott und vom eigenen Glauben erzählt – manche sehr direkt, andere eher durch die Blume. Was uns immer verbunden hat, war eine Sehnsucht nach dem Geborgensein. Die allermeisten haben sich in ihrer ersten Nachricht erst einmal geoutet, wo sie in Bezug auf die katholische Kirche stehen. Am häufigsten hieß es: »Schon lange ausgetreten, aber ...«

Und dann haben sie erzählt – von persönlichen Schicksalen und Herausforderungen, aber auch von Momenten, in denen sie sich wohl und angenommen fühlen. Und – das ist mein großes Geschenk – dieses Wohlgefühl hatten sie oft morgens beim Zuhören, weil sie sich mit meiner Stimme oder mit dem, was ich gesagt habe, gesehen, verstanden, geborgen empfunden haben. Ein schöneres Feedback kann ich mir kaum vorstellen, denn ich habe gemerkt: Es geht nicht um das Hochtheologische, es geht um das Echte.

Und so habe ich über die Jahre immer seltener von irgendwelchen katholischen Feiertagen erzählt, sondern immer häufiger von meinem Alltag: den Momenten, in denen ich mich unzulänglich fühle, den lustigen Anekdoten mit meinen Kindern und meiner Wut über die Situation in der katholischen Kirche. In jedem Beitrag kam Gott vor, selten mit der theologischen Brechstange, aber immer als die große haltgebende Instanz, an der meine Dankbarkeit, meine Hoffnung hängt und von der aus ich mein Christsein entwerfe.

Wenn existenzielle Beiträge zu Tod, Depression oder Liebe erschienen, haben besonders viele Menschen reagiert, eigene Geschichten dazugelegt oder einfach nur geschrieben, dass sie sich im Text wiedergefunden haben.

Sie müssen sich das für sich selbst vorstellen: Radio ist ein Nebenbei-Medium. Unter welchen Bedingungen würden Sie, wenn Sie morgens beim Zähneputzen etwas hören, tatsächlich den Aufwand betreiben, sich die Kontaktdaten der Sprecherin herauszusuchen, um sich dort zu melden? Doch nur, wenn Sie etwas wirklich blöd oder wirklich toll finden. Insofern steht hinter jeder Person, die sich die Mühe macht, Kontakt aufzunehmen, eine Vielzahl von anderen Menschen, die vielleicht ähnlich gedacht haben, aber kein Feedback geben.

Mir ist das Radio als Ort zum Erzählen von Gott extrem wichtig geworden. Weil es ein Ort ist, an dem »wir von der Kirche« nicht zu Hause sind, im Gegenteil sogar. Wir sind nur geduldet, weil es zwischen Kirchen und Staat alte Verträge darüber gibt, dass die Kirchen sich im öffentlich-rechtlichen Rundfunk äußern dürfen. Das Ganze beruht also auf alten Pfründen, und wenn man sich die Radiolandschaft von heute anschaut, dann grenzt es an ein Wunder, dass in der besten Sendezeit Laiensprecher:innen geduldet werden, die auch noch über Kirche, Glauben und Religion reden wollen.

Dieses Nicht-Zuhause-Sein im Radio, dieser Gaststatus macht demütig – in einem guten Sinne. Ich hatte nie Hausrecht, und ich wusste: Viele Menschen schalten sogar ab, wenn die Kirchenbeiträge kommen. Andere, ich weiß nicht, wie viele, stellen sich dafür aber auch extra den Wecker, um mit mir oder den anderen Sprecher:innen gut in den Tag zu starten. Meine Erwartung an mich selbst war also immens hoch. Und sie lautet jedes Mal: »Mach etwas Gutes aus dieser wahnsinnigen Chance!«

Kirchenintern dagegen habe ich über die Jahre gelernt, die Kommentare von älteren Theologen auszublenden: »zu banal!«, »zu untheologisch!«, »zu vereinfachend!«, hieß es da immer wieder abschätzig über meine Beiträge. Und vom Arbeitgeber hieß es nur: »Das machst du aber in deiner Freizeit!«

Sowohl die abschätzigen Kommentare als auch die Hinweise, dass das ja meine Freizeit sei, symbolisieren etwas Ungesundes für mich, das die institutionelle Kirche ziemlich gut kann: Das, was nicht in die pastorale Norm bzw. in das Gewohnte passt, wird rigoros ausgegrenzt. Normal sind Sonntagsgottesdienste mit Eucharistiefeier. Normal ist eine Predigt, die ein studierter und zum Priester geweihter Mann hält. Dauer: circa sieben bis 12 Minuten, weil: alles, was länger ist, wirkt evangelisch. Alles, was kürzer ist, hat den Anschein, dass sich der Prediger nicht bemüht hat. Normal ist, dass studierte und jahrelang weiterqualifizierte Seelsorger:innen die Seelsorge in einer Gemeinde machen. Normal ist das Angebot, persönliche Anliegen in Beicht- oder Einzelgesprächen zu thematisieren.

Die Lücke zwischen dieser – zugegeben überspitzt formulierten – pastoralen und gesellschaftlichen Normalität gleicht dem Grand Canyon. Die wenigsten Menschen fühlen sich vom Sonntagsgottesdienst noch angesprochen, und noch viel weniger suchen seelsorgliche Gesprächsangebote auf. Und umgekehrt haben es die tollen, mutigen, anders tickenden Seelsorger:innen oft schwer in ihren Gemeinden, die pastorale Normalität aufzubrechen.

Die Sehnsucht nach Ansprache und Seelsorge aufseiten der Gläubigen im Alltag ist aber da. Und zwar überall. Das merken Menschen wie ich, die durch die Radioverkündigung in seelsorgliche Kurzkontakte kommen und das Glück und die Chance haben, Menschen etwas Gutes zuzusagen, die sich für kirchliche Botschaften ansonsten kaum noch oder gar nicht mehr interessieren. Und das merken die rührigen Social-Media-Redakteur:innen und Influencer:innen, die ich in der katholischen und evangelischen Kirche kenne. Ihnen folgen Zehntausende und geben Feedback, erzählen von sich und fühlen sich angenommen. So entstehen neue Gemeinden, Gemeinschaften auf Entfernung, aber mit großer Verbundenheit im Alltag. Denn die online aktiven Seelsorger:innen posten und antworten zu allen Tageszeiten, und die Menschen können sich aussuchen, was ihnen guttut, was sie gerade für ihre Seele brauchen.

Und deshalb rege ich mich über die pastorale Norm auf, denn sie bestimmt auch, wo Geld, Zeit und Personal hinkommen. Alles, was digital (oder im Radio) geschieht, wird belächelt. Im schlimmsten Fall werden die dort Aktiven sogar als profilierungssüchtig, eitel und vor allem als oberflächlich und theologisch schwach abqualifiziert. Und fast alle von ihnen machen ihre digitale Seelsorge aus innerer Überzeugung und on top – also nicht, weil sie eine Stelle oder einen Stellenanteil dafür bekommen haben.

Die große Herausforderung beim Radio oder in den Social Media ist: Sie müssen sich die Hörer:innen oder Follower:innen vorstellen, wenn Sie im Studio sind oder einen Post schreiben. Außer dem Techniker hat mir in der Regel niemand gegenübergesessen, niemand hat genickt, geschmunzelt oder wild den Kopf geschüttelt, wenn ich die Texte aufgenommen habe. Feedback gibt es zeitversetzt. Die Menschen am anderen Ende des Radios habe ich größtenteils noch nie persönlich getroffen. Und die Follower:innen lassen, wenn überhaupt, ein Herz oder einen Like da, aber beschreiben nicht, warum ihnen etwas gefallen hat.

Wer Radio oder Social-Media als Ort von Kirche und Seelsorge etabliert, der hat ein unglaublich empathisches Vorstellungsvermögen, der fühlt sich in andere ein, der händelt gleichzeitig eine Vielzahl von Anfragen, Nachrichten und Reaktionen, wenn ein Text bei den Menschen ins Herz getroffen hat. Das kann ziemlich anstrengend sein und ploppt in einem Wahnsinnstempo auf, denn die Leute erwarten im digitalen Kontext schnelle Antworten.

Dem allem gegenüber steht das oft gesagte, leicht abfällige »Du machst das aber in deiner Freizeit!«

Perspektivisch bedeutet diese pastorale Ignoranz: Obwohl es (oft junge) Seelsorger:innen gibt, die hochwertige, also zielgruppenspezifische Angebote in den sozialen Medien machen wollen und können, werden die Kirchen leerer und leerer. Die pastorale Norm hält die Angebote vor Ort aufrecht, weil »Präsenz« für die allermeisten Personal- und Pastoralverantwortlichen immer noch das einzig Wahre ist. Das andere, das im Internet, das ist »ja keine echte Realität«.

Wenn die Kirchenverantwortlichen aber die Verbundenheit, die ich jetzt jahrelang mit einem kleinen Teil der Millionen von Hörer:innen aufgebaut habe oder die andere in den sozialen Medien aufbauen, für weniger wichtig, weniger echt halten als die Realität in der Kirchengemeinde, dann stecken sie auch weiterhin so gut wie kein Geld in die Radio- und Internetverkündigung. Das Ergebnis liegt auf der Hand. Die Kirche verpasst es, Menschen dort zu treffen, wo sie schon jahrelang zu Hause sind. Einfach weil sie immer noch darauf besteht, es besser zu wissen: Kirche ist *in* der Kirche, *im* Pfarrzentrum, *auf* dem Friedhof.

Stimmt ja auch, aber da sind die allermeisten Menschen halt selten anzutreffen.

Ich will das ganz konkret sagen: So gut wie jeder Mensch heutzutage in Deutschland ist täglich im Internet. Viele von uns verbringen bis zu fünf Stunden täglich mit ihrem Smartphone, sagen Studien. Menschen nehmen ihr Telefon überallhin mit, sogar auf die Toilette, oder gerade dorthin, um in Ruhe zu scrollen, zu spielen, zu texten. Wenn man die Zahl der Seelsorger:innen dagegenhält, die für digitale Pastoral offiziell Zeit, also einen formellen Auftrag haben, muss man allenfalls müde lächeln. Sie ist deutschlandweit verschwindend gering – und zwar kirchenübergreifend.

Eine verpasste Chance.

Und das alles nur, weil man strategisch nicht umdenkt. Weil Seelsorger:innen mit einem Talent für digitale Kommunikation immer noch belächelt werden, weil es vermeintlich nur Spielerei ist. Dass Unternehmen weltweit ganze Abteilungen für ihre Social-Media-Kommunikation aufgebaut haben und mit einem Wahnsinnsetat ausstatten – geschenkt. Die Vorurteile gegen die Digitalisierbarkeit von Seelsorge sitzen zu tief.

Meine Erfahrung mit dem Radio und den Kontakten, die dadurch vor allem über E-Mail und Social Media entstanden sind, spricht eine deutlich andere Sprache: Die Leute haben mir alle freiwillig Platz in ihrem ganz intimen Leben gegeben, es ist an mir, diese Chance dankend anzunehmen und etwas daraus zu machen. Und für mich bedeutet das: Von Gott in einer Sprache zu erzählen, in der sich niemand belehrt fühlt, das Wesentliche zu sagen und nicht all die platt getretenen Worthülsen zu verwenden, die die Kirche schon zu lange unüberlegt weiterverwendet.

Nur so entstehen Beziehung und Verbundenheit. Nur so entsteht ein kleines Zuhause für die vielen Sehnsüchtigen. Ob jetzt via Radio, Mail, Social Media oder persönlich – dieses Zuhause ist medienunabhängig.

Als ich im Zuge meiner Kündigung bei der Kirche auch – übrigens aus freien Stücken – mit dem Radiomachen aufgehört habe, war ich schon sehr traurig. Aber zugleich wollte ich Klarheit und Unabhängigkeit herstellen, für mich selbst. Mein Sprechtrainer hat sich damals bei mir gemeldet und gesagt: »Du musst unbedingt laut bleiben!« Was er meinte, war: Weiter mit der Stimme arbeiten, nicht nur schreiben. Und das habe ich auch fest vor.

Auf der Straße Im Buch *Das Patriarchat der Dinge* lese ich, dass
Menschen auf der Straße einem wahnsinnig hohen Risiko ausgesetzt sind, Gewalt zu erfahren.

Das Verrückte ist: Viele Städte und Bahnhöfe versuchen trotzdem,
die Wohnungslosen und Junkies aus dem Sichtfeld zu verdrängen.
So wurden zum Beispiel die Bänke vor dem Münsteraner Haupt-
bahnhof abmontiert, damit sich dort keine Obdachlosen niederlas-
sen und womöglich betrinken können. Die Sicherheitsbetonpfeiler,
auf denen man jetzt noch sitzen kann, werden demnächst durch
solche ersetzt, auf denen das unmöglich ist.

Zugunsten der Ästhetik und des Sicherheitsgefühls der Mehrheit
werden die Marginalisierten verdrängt – oft an Orte, wo sie un-
beobachtet und deswegen auch unbeschützt sind. Gerade Frauen,
die Platte machen, sind dadurch einem hohen Risiko ausgesetzt,
(sexualisierte) Gewalt zu erleben.

»WARUM ICH?«

Über das Leid

»Warum ich?«, lautet die Frage. Michael, 53 Jahre alt, hat sie gestellt. Seine Geschichte dazu erzählt er in wenigen Worten:

»Seit dem 18. Lebensjahr habe ich auf verschiedene Art und Weise Missbrauch erlitten. Trotzdem wurde ich Priester. Als Kaplan wurde ich auch 4 Jahre sexuell missbraucht. Ungefähr 18 Jahre später wollte ich einen Rat von meinem Ortsbischof, der empfing mich nicht.

Neben der Frage, warum ich, beschäftigt mich das Schweigen der Masse.«

Mitgeschickt hat er dieses Gedicht:

»in der krippe
das missbrauchte kind
die täter knien davor
und verhüllen das leid
mit weihrauch
damit niemand sieht
dass das kind weint
und sich abwendet
von der kirche

in der krippe
das missbrauchte kind
stille nacht – warum
ist schweigen im rund«

Mir laufen die Tränen herunter. Es ist ein warmer Abend im Juni 2021. Wenige Tage zuvor habe ich ein Digitalprojekt gestartet, das unter dem Titel »Kirchenkrise« Fragen von Menschen sammelt: an Amtsträger, Gläubige oder an die katholische Kirche allgemein. In den ersten Tagen gehen rund 100 Fragen ein – von überall in Deutschland, und einzelne aus Österreich, der Schweiz und Italien.

Michaels Frage trifft den Kern des Projekts. Ich habe eine Frage dieser Art erwartet, und zugleich bestürzt sie mich in ihrer Schlichtheit und ihrem Fokus noch viel mehr, als ich antizipieren konnte.

Diese und die anderen Fragen teile ich – natürlich mit Zustimmung der Fragensteller:innen – in den Social Media. Michaels Beschreibung wird in den Kommentaren auf Facebook angezweifelt, eine Frau fragt, wie es sein könne, dass ein erwachsener Mensch sexualisierte Gewalt erfährt, ob er sich nicht habe wehren können?

Dass Betroffenen nicht geglaubt wird, ist einer von vielen Gründen, weswegen viele nicht an die Öffentlichkeit gehen. Und es ist eine zermürbende, schreckliche Erfahrung, von der viele von ihnen berichten, wenn sie die Gewalt gegenüber kirchlichen Stellen anzeigen. Ähnlich wie bei Vergewaltigungen und Gewaltdelikten außerhalb der Kirche haben die Opfer die Beweispflicht – was absurd klingt, muss sich desaströs anfühlen. Stellen Sie sich nur vor, Sie hätten ein derartig traumatisches Erlebnis oder eine ganze Reihe solcher Erfahrungen zu erzählen, und Sie merken: Man glaubt Ihnen nicht.

Und noch schlimmer: Sie merken, man glaubt Ihnen zwar in der ersten Instanz, die rechtlichen Rahmenbedingungen sorgen aber dafür, dass dem potenziellen Täter (seltener der potenziellen Täterin) die Schuld nicht nachgewiesen werden kann und er (oder sie) deshalb straflos davonkommt. Stattdessen sorgen die Rahmenbedingungen dafür, dass Sie selbst die Schuld des Täters (der Täterin) nachweisen müssen und auf diese Weise gezwungen sind, diese Erlebnisse wieder und wieder zu durchleben.

Und dann stellen Sie sich bitte noch eine andere Variante vor: Die Tat wird nachgewiesen, kommt ans Licht, aber der Täter (seltener die Täterin) wird nicht bestraft, sondern versetzt. Und kann völlig unbescholten an einem anderen Ort anderen Menschen Ähnliches antun.

Es ist nicht nötig, diese Ketten von himmelschreiender Ungerechtigkeit, erdrückender Beschämung und erneuter Viktimisierung weiter zu beschreiben. Wer heute auch nur ansatzweise die Berichterstattung über die katholische Kirche verfolgt, weiß, dass das über Jahrzehnte die Realität im Umgang mit Betroffenen sexualisierter Gewalt gewesen ist:

Ihnen wurde nicht geglaubt.

Die Täter wurden nicht bestraft.

Die Täter wurden versetzt.

Die Täter haben weitergemacht.

Immerhin: Es hat sich etwas getan, in Sachen Prävention und Intervention in der katholischen Kirche. Trotzdem gibt es immer noch traurige und empörende Höhepunkte in diesem Thema: Beförderungen für aktenkundige Täter, peinliches Geschacher um die Höhe von Entschädigungszahlungen, bischöflichen Machtmissbrauch, neue Erkenntnisse zur Spiritualisierung von Missbrauch bzw. zum Ausmaß von geistlichem Missbrauch – und immer wieder Unglauben, Wegducken, Täterschutz, Bürokratiehölle für die Betroffenen. Es macht mich so wütend.

Die Engagierten, die in diesem Thema laut und deutlich und öffentlich wirksam anprangern, was lange noch nicht gut ist, werden im besten Fall als »nicht mehr katholisch« und »verbittert« bezeichnet, im schlimmsten Fall mit dem Tod bedroht.

Ich möchte mir hier nichts vormachen: Es ist noch lange nicht gut. Auch wenn es viele Menschen gibt, die sich nach Kräften bemühen, dass es besser wird. Auch wenn es Bischöfe gibt, die die Aufarbeitung und ihre Interventionsbemühungen transparent und nachvollziehbar vorantreiben wollen.

Neben diesen Menschen gibt es in der Kirche auch immer noch die Gemeindemitglieder, die über einen Täter sagen: »Aber er predigt doch so gut!« Und es gibt nach wie vor die Bischöfe, die ein »unfehlbares Lehramt der Betroffenen« ablehnen. Damit offenbart sich der ganze Horror.

Ich habe lange überlegt, ob hier ein Vergleich in Ordnung ist, aber ich wage ihn – mit größtem Respekt für all diejenigen, die sich in der katholischen Kirche jemals so schlecht behandelt gefühlt haben, als wären sie nichts wert. Ich möchte Sie nicht triggern! Aber ich möchte mit dem folgenden Vergleich deutlich machen, wie katastrophal die Situation ist.

Sexualisierte Gewalt, ihre Vertuschung und die mit ihr verbundene Verantwortungslosigkeit von führenden Priestern, Personaler:innen und Bischöfen sind die Spitze des Müllbergs, auf dem die katholische Kirche steht. In diesem Berg stecken außerdem die Abwertung von Frauen und queeren Menschen, die Erniedrigung von Gläubigen, Mitarbeitenden und Ehrenamtlichen, deren Leben brüchig beziehungsweise deren Liebe nicht regelkonform ist. Und in diesem Müll finden sich unendlich viele persönliche, kleine und große Leidensgeschichten, die nicht hätten produziert werden dürfen.

Wie bei vielen Arten von Müll ist die Ent-Sorgung nicht ganz einfach. Denn anders als früher, wo man Müll zum Teil noch als Berg aufgeschüttet hat, diesen begrünt und zum Wandern und Spielen freigegeben hat, wissen wir heute: Müll setzt sich fest, zum Beispiel als Mikroplastik in den Meeren und Körpern von Menschen und Tieren, zum Beispiel als Ewigkeitslast bei Atommüll. Und auch der Versuch, den Müll in andere Erdteile zu verschicken, ändert nichts daran, dass er produziert worden ist.

Müll zerstört die Erde, wenn man ihn nicht reduziert, fachgerecht entsorgt und zukünftig weniger oder am besten gar keinen mehr produziert.

Für den katholischen Müllberg bedeutet das einen Langstreckenlauf: Der unter den Teppich gekehrte Müll muss nicht nur endlich sichtbar gemacht werden. Verantwortliche müssen auch ehrlich anschauen, was dieser produzierte Müll für Giftstoffe ins katholische Grundwasser getragen hat und welche Langzeitfolgen er noch haben wird. Ehrlich anschauen heißt zum Beispiel: Die Kirchenaustrittszahlen als Folge des produzierten Mülls zu interpretieren und sich nicht durch Verweise auf soziologische Trends gegen Selbstkritik zu immunisieren.

Der Müll muss ent-sorgt werden! Es bedürfte gefühlt mindestens eines Jahrzehnts des Zuhörens, Weinens und Seelsorgens, um all das große und kleine Leid, das Menschen in der katholischen Kirche erlebt haben, zu versorgen.

Ein Psalm sagt: »Sammle meine Tränen in deinen Krug, ich bin sicher, du zählst sie alle.« (Ps 56,9) Ich stelle mir vor, wie die katholische Kirche alle Menschen ums Erzählen bittet: Was sie in der katholischen Kirche Schlechtes erlebt haben. Zuhören würden alle, von der Gemeindeassistentin bis zum Bischof, und erzählen dürften auch alle, ob schon lange raus, kurz vor dem Austritt oder nicht austrittswillig.

Und während des Ent-Sorgens müssten Verantwortliche Schlüsse ziehen und Strategien dafür entwickeln, dass weniger oder kein Müll mehr produziert wird, damit die katholische Kirche wieder lebenswerter wird. Regeln müssten geändert, Recht müsste angepasst werden – im Sinne einer Rückkehr zu den jesuanischen Wurzeln und einer Radikalisierung im Hinblick auf die Nächstenliebe.

Das kleine Projekt »Kirchenkrise« war ursprünglich dafür gedacht, Menschen das Wort zu geben, die sonst nicht öffentlich in der katholischen Kirche gehört werden. Mit der Bitte, der Kirche eine Frage zu stellen, war ein Stilmittel verbunden. Denn wer fragt, wünscht sich eine Antwort, hat noch Interesse an Dialog.

Die insgesamt etwa 150 eingesandten Fragen hatten große Schnittmengen, hauptsächlich drehten sie sich um diese vier großen problematischen Themenkomplexe:

- Geschlechter-Ungerechtigkeit
- Abwertung von queeren Menschen
- Sexualisierte Gewalt und Machtmissbrauch
- Unglaubwürdigkeit und Ungerechtigkeit

Entstanden ist nicht nur eine Öffentlichkeit für die persönlichen Geschichten der Menschen, deren Fragen auf Facebook und Instagram geteilt wurden. Vielmehr ist ein Resonanzraum entstanden, wo Menschen ein #MeToo-Gefühl, eine Solidarisierung, eine – so schlimm es ist – Verbundenheit im Leid entwickeln konnten. Zum Ende des Projekts habe ich mit einzelnen Fragenden per Mail Gespräche geführt, nachgefragt, sie mit ihren Fragen ernst genommen. Einer hat etwas traurig Typisches geantwortet: »Dass Sie mir antworten, hat mich erstaunt. Das hätte ich von jemandem von der Kirche nicht erwartet!«

Mich selbst hat erstaunt, wer hauptsächlich Fragen eingereicht hat: Männer ab 50. Ich habe mich gefragt, woran das liegt, und kann nur mutmaßen: Ist das eine Gruppe, deren Kritik besonders wenig Aufmerksamkeit in der Kirche hat? Hängt das mit der höheren Zahl an männlichen Ausgetretenen zusammen?

Was mir im Projekt aber vor allem klar geworden ist: Es kann den Müllberg nicht abtragen. Individuell betrachtet konnte ich vielleicht einzelnen Menschen etwas Ernst oder Trost entgegenbringen, aber das institutionelle Versagen, die strukturellen Fehler gleicht ein individueller, kreativer Zugang wohl kaum aus. Und diese Erkenntnis hat sicherlich auch zu meinem Obdachloswerden beigetragen. Die Kirche muss sich strukturell verändern, tut es aber nicht.

Auf der Straße Manchmal gehe ich um den nahe gelegenen Aasee spazieren. Schaue auf das glatte Wasser und die Wolken, die sich darin spiegeln. Die Weite beruhigt meine Augen und mein Inneres. Bevor das aber möglich ist, muss ich an den Aaseekugeln vorbei, einem Kunstwerk, wo es sich Menschen im Sommer jeden Abend auf ihren Picknickdecken gemütlich machen, mit dröhnender Musik, Bierdosen und kleinen Grills. Unter einem Baum hat jemand seine Picknickdecke zu einem kleinen Zimmer ausgebaut: Müllsäcke, Taschen, ein Rucksack liegen da wie zu kleinen Wänden aufgestapelt. Der Mann selbst sitzt nicht in seinem »Zimmer«, sondern auf einem Stuhl ein paar Meter weiter. Er sitzt da wie die Jugendlichen und Studierenden, trinkt sein Bier und guckt durch seine Sonnenbrille aufs Wasser. Einen Meter weiter hat er einen zweiten Stuhl stehen. Es sieht aus, als ob jederzeit ein Gast kommen könnte. Ein seltsamer Anblick. Mehrere Tage lang sehe ich ihn dort abends sitzen. Nie auf der Decke, immer auf dem Stuhl.

ENTSCHEIDEN

Über den Mut, den eigenen Prinzipien treu zu sein

»Ich möchte austreten können!« Bei einem Spaziergang um den nahe gelegenen See sage ich es das erste Mal laut zu meinem Begleiter. Er ist auch Kirchenmitglied und, genau wie ich zu diesem Zeitpunkt, Mitarbeiter bei der Kirche. Uns vereint ein immenser Veränderungswille und ein ebenso großes frustrierendes Gemisch aus Erschöpfung und Enttäuschung.

Wer, wie ich, kritisch-loyal mit der eigenen katholischen Religiosität verwoben ist, leidet an der Kirche. Je nach Alter tun wir das seit Jahren oder seit Jahrzehnten – alle auf die eigene Weise – und inzwischen, vor allem durch die digitale Vernetzung in den Social Media, miteinander verbunden. Man weiß umeinander, um die Gleichgesinnten, um die vielen, die glauben und ihrem Gewissen und dem Evangelium deshalb treuer sind als der offiziellen Lehrmeinung der katholischen Kirche.

Man weiß um die öffentlichen Verfehlungen und um viele Fehler im Kleinen – um Erniedrigungen, Abwertungen und Unmenschlichkeit in der katholischen Bürokratie und Pastoral –, vor allem ich weiß das als Mitarbeiterin in der Kirche. Manchmal kann ich das ausblenden, aber meistens nicht. Und weil die Ungerechtigkeit so oft laut in mir pulsiert hat, habe ich angefangen, darüber zu schreiben – erst

Kommentare für katholisch.de, dann Essays für *Sinn und Gesellschaft*. Für andere ist es das Gebet, in dem sie ihren Fragen und Zweifeln Ausdruck geben, für mich ist es das Schreiben.

Worte finden für das, was in mir brodelt, ist meine Form, mit etwas zurechtzukommen. Unbewusstes, Gefühle und Ahnungen werden erst zur Realität, wenn ich sie aufschreibe. Ich traue mir dann selbst. Und deshalb ist vieles, was ich aufgeschrieben habe, hier oder anderswo, zuerst einmal für mich. Aber natürlich ist es auch eine Freude, wenn andere Menschen den eigenen Texten etwas abgewinnen können. Natürlich fühlt es sich gut an, zu merken, dass andere genauso wütend sind, genauso enttäuscht.

Was im jahrelangen Schreiben rund um das Katholischsein aber hinzukommt: Ich vergesse meine Texte nicht. Ich weiß im Groben noch, was ich im Jahr vorher, oder zwei Jahre vorher geschrieben habe. Festzustellen, dass ich mehrfach über das Gleiche schreibe, öffentlich immer wieder das Gleiche betone – was in der Regel auch schon in anderer Weise, aber inhaltlich sehr ähnlich Menschen vor mir problematisiert oder gefordert haben –, das hat mich immer häufiger bitter schlucken lassen. Zuerst habe ich deshalb die Kommentare aufgegeben. Ich wollte nicht mehr lamentieren, weil es ja doch nichts bringt.

Dann habe ich darüber geschrieben, wie es sich anfühlt, in dieser bewegungslosen Kirche zu Hause zu sein, die im Schneckentempo minimale Fortschritte Richtung Menschenfreundlichkeit macht, um dann wieder maximale Rückschritte zu verkünden.

Und immer häufiger habe ich bei mir selbst gedacht: Wie kannst du dir morgens eigentlich aufrichtig im Spiegel sagen, dass es gut ist, in dieser Kirche zu bleiben und sogar in ihr zu arbeiten?

Als Antwort ist neuer Text entstanden – Text, an dem ich mich festhalte, Text, der mich erinnert, mich nicht in dieser Kirche einzurichten. Die folgenden acht Prinzipien sind das Ergebnis.

Tätig bleiben

An allen Stellen, an denen ich bisher die Möglichkeit wahrnehmen konnte, habe ich zu Veränderungen beigetragen. Mir ist bewusst, dass ich noch mehr hätte tun können, noch mehr Ehrenamt, noch mehr berufliches Engagement für die großen Problemthemen, noch mehr politisches Handeln ... Mir ist klar, dass ich zu der Gruppe von Menschen gehöre, die verhältnismäßig viel für Veränderungen in der Kirche tun können. Ich gehe davon aus, dass jeder Mensch in der katholischen Kirche einen Korridor hat, um zu Veränderungen beizutragen. Je größer dieser ist, desto mehr erwarte ich von mir selbst.

Gesund bleiben

Tätig bleiben, das hängt mit gesund bleiben zusammen: Ich kann nicht alle Paradoxien ausbalancieren, die es zwischen Froher Botschaft, gelungenem pastoralem und karitativem Handeln auf der einen Seite und hierarchischer Ungerechtigkeit sowie ausbleibender Verantwortung auf der anderen Seite gibt. An diesen Widersprüchlichkeiten könnte ich zerbrechen.

Mein Glück ist, dass ich mich von den Ungerechtigkeiten innerlich distanzieren kann, um Kraft zu schöpfen. Dieses Glück haben viele seelisch verwundete Menschen nicht, die erfahrene Ungerechtigkeit und Gewalt überfallen sie immer wieder.

Ehrlich bleiben

Den Verwundeten bin ich es als Katholikin schuldig, ehrlich zu sagen: In dieser Kirche läuft es nicht gut, die Botschaft von radikaler Liebe, vom Zusammenspiel von Barmherzigkeit und Gerechtigkeit, von Auferstehung wird an oberster Stelle nicht gelebt, wenn es um existenzielle Themen wie sexualisierte Gewalt, Verantwortung und Glaubwürdigkeit geht. In der offiziellen Meinung der Kirche gibt es weder Gleichwertigkeit und Gleichberechtigung für alle Geschlechter noch für queere Menschen. Es gibt in der römischen Zentrale kein zeitgemäßes Verstehen der Welt, sondern ein verzerrtes. Es gibt eine Art Monarchie und keine Demokratie. Und ich möchte mir und anderen nicht vormachen, dass sich die notwendigen bahnbrechenden Entwicklungen bald einstellen werden.

Gläubig bleiben

Wenn Ehrlichkeit das einzige Prinzip wäre, müsste ich sofort gehen. Oft verdrängt die Ehrlichkeit auch meine Lust auf liturgische Feiern, denn in diesen erlebe ich zu wenig strukturelle Ehrlichkeit. Umso zentraler sind für mich die Nischen geworden: die Hausgottesdienste mit den Nachbarn, das freie Gebet mit dem Sohn, die Exerzitien bei einem guten Begleiter, der religiöse Austausch mit anderen Gläubigen. Ohne meine tiefe Religiosität könnte ich kein Mitglied dieser Kirche bleiben. Gleichzeitig erlebe ich in den Nischen und mit den Gläubigen eine tiefe Verbundenheit, in der Gott da ist.

Ungehorsam bleiben

Gott hat mich mit einem wachen Geist und einem frechen Gemüt ausgestattet. Also fühle ich in mir eine Grundbereitschaft zum Ungehorsam. Gehorchen kann ich nur, wenn ich vertraue, vertrauen kann ich nur, wenn ich überzeugt bin. Und deshalb erscheint mir der am Gewissen reflektierte Ungehorsam eines der wichtigsten Prinzipien in der katholischen Kirche dieser Zeit.

Laut bleiben

Alles, was ich als Ungerechtigkeit erkenne, frage ich an. Alles, was mir unbarmherzig erscheint, thematisiere ich. In der mir möglichen Form bleibe ich sprachfähig und erhebe meine Stimme – das ist sicherlich nicht für jeden Menschen gleichermaßen möglich, aber jeder Mensch kann auf die eigene Weise laut und deutlich sein.

Verbündet bleiben

Früher, als mir noch alles in Ordnung schien in der katholischen Kirche, also als ich noch sehr individuell mit meinem Glauben in Gottesdiensten unterwegs war und keine Einbindung in das System hatte, da war mir die Gemeinschaft nahezu gleichgültig. Heute dagegen bin ich in Bezug auf Gemeinschaft bedürftig geworden: nicht pauschal, sondern differenziert. Ohne meine Verbündeten, ob das nun Kolleg:innen, digitale Bekannte, Schwestern im Geiste oder Diskurspartner:innen sind, könnte ich es in der Kirche oft nicht aushalten. Und ich glaube, dass dieses Verbündetsein, diese Komplizenschaft ein Stück des schweren Weges tragen können.

Versprechen halten

Ich habe mir selbst versprochen: Ich bewahre mir immer die Freiheit, auszutreten. Wenn es nicht mehr geht, werde ich gehen. So wie es viele vor mir getan haben und immer noch tun. Ich werde dann einen Weg finden, meinen Glauben weiterzuleben, ohne der Institution anzugehören. Ich werde mir einen anderen Job, andere Engagements suchen. Diese Perspektive stimmt mich traurig, das wäre ein riesiger biografischer Bruch. Aber dieses Versprechen bin ich mir selbst schuldig.

Zu diesen Prinzipien stehe ich immer noch. Ich bin immer noch Mitglied der katholischen Kirche. Und dennoch hat es einen Bruch gegeben. Einen ganz persönlichen, der mich dazu gebracht hat, aus dem hauptberuflichen Einsatz für die katholische Kirche herauszutreten. Ich habe eine Ungerechtigkeit thematisiert, ich bin meinen Prinzipien treu geblieben. Und ich bin nicht gehört worden. Im Gegenteil sogar, mir wurde empfohlen, »die Sache ruhen zu lassen«. Da ist etwas in mir gebrochen. Und dann sind alle weiteren Gründe über mich geflossen, die schon viele Menschen vor mir zum Kirchenaustritt gebracht haben.

Vor dem Kirchenaustritt selbst hatte ich (noch) zu viel Scheu, aber in meinem persönlichen Fall lag noch ein Schritt davor: Um ihn überhaupt vollziehen zu können, wenn ich denn wollte, wusste ich: Ich werde meinen Job kündigen. Denn in meiner beruflichen Rolle wäre ein Kirchenaustritt ein (legitimer) Kündigungsgrund.

Ich habe gemerkt:»Regina, du musst jetzt gehen. Keine Ahnung, wie das gehen soll, aber du musst gehen. Denn du hast dir und anderen die Karten gelegt und diese Prinzipien veröffentlicht. Wenn du solche Ungerechtigkeit wahrnimmst und darunter leidest, dann kannst du nicht mehr bleiben.« Es war eine verzweifelte Kraft, die noch nicht wusste, wo sie einen neuen Entfaltungsraum finden kann.

Jeden Tag ist einerseits mehr Klarheit hinzugekommen, dass ich gehen werde, und andererseits mehr Unsicherheit, wie ich weiter ich selbst bleiben kann – eine höchst spirituelle Person, die aus einer sehr speziellen Branche kommt, und außerhalb dieser Branche keinerlei Berufserfahrung hat. Wer sollte mich»da draußen« denn brauchen?

In den Monaten des Entscheidens und Abwägens schlug das Pendel immer wieder zwischen Klarheit und Unsicherheit aus, aber dann hat sich schnell ein neues Bild geformt:»Ich werde gehen, und es wird gut.« Geholfen haben mir dabei eine Vielzahl von Gesprächen mit ganz unterschiedlichen Menschen. Mit Theologen oder Theologinnen, die sich öffentlichkeitswirksam aus ihren kirchlichen Positionen zurückgezogen haben. Eine von ihnen hat zu mir gesagt:»Hab keine Angst, sie werden dich auf Händen tragen.« Damals war für mich unvorstellbar, dass ich in einem Wirtschaftsunternehmen irgendeine Chance haben könnte – zu lange hatte ich die kirchliche Demut vom Kleindenken gelernt, die aus meiner heutigen Sicht genauso ungesund ist wie die eigene Überhöhung, die es in der Wirtschaft manchmal gibt.

Um diese Vorurteile zu hinterfragen, habe ich auch mit Menschen, die in der Privatwirtschaft arbeiten, gesprochen. Sie haben mir die »Welt da draußen« erklärt und nähergebracht. Auch mit meinen früheren Coaches, die mich am besten kennen, habe ich gesprochen: Auch sie haben mich ermutigt und bestärkt, an mich zu glauben.

Parallel – und das hat ebenfalls eine große Rolle gespielt – hat der Kösel Verlag gefragt, ob ich ein Buch schreiben will. Mein Schreiben ist seit Jahren katholisch verortet; auch als Autorin, dachte ich deshalb, bin ich doch außerhalb der katholischen Blase ein »Niemand«. Gleichzeitig hat mich der Verlag ermutigt: Auch ohne hauptberuflichen Unterbau entfalte meine Autorinnenstimme eine besondere Kraft.

Ich weiß von vielen anderen Kirchenmitarbeiter:innen, dass sie sich »für da draußen« nicht gut genug, nicht geeignet fühlen und sich fragen, wie man den Absprung schaffen kann. Seit ich ihn geschafft habe, weiß ich: Unsere Kompetenzen aus der kirchlichen Berufstätigkeit werden an vielen Orten händeringend gesucht. Denn wer von der Kirche kommt, ist den Umgang mit Paradoxien gewöhnt, ist erfahren darin, Veränderungen in einer veränderungsresistenten Organisation voranzutreiben, ist gut darin, andere zu gewinnen, weil es in der Kirche zwar von außen hierarchisch aussieht, aber von innen nur durch Überzeugung und Commitment weitergeht.

Und nicht zuletzt haben (ehemals) kirchliche Mitarbeiter:innen in der Regel eine wertvolle Sensibilität für andere, wenn nicht sogar seelsorgliche Erfahrung und können Gefühle in Worte fassen. All das sind in Unternehmen gesuchte und geschätzte Qualitäten.

Ich habe keine Kraft mehr, weiter diese Kirche und ihr strukturelles Versagen in meinem beruflichen Tun voranzutreiben. Das habe ich so oft gespürt. Und wie oft habe ich aufmerksam gelesen, wie andere begründen, warum sie gehen, austreten, sich verändern, das Weite suchen, der Kirche den Rücken zukehren.

In den Monaten des Entscheidens ist mir klar geworden: Ich will katholisch sein, ich liebe diesen Glauben. Aber ich brauche mehr Abstand zur Institution. Mein Tank ist leer. Ich brauche die Freiheit, austreten zu können, wenn es nötig wird.

Auf der Straße Meine Schwiegereltern bringen bei ihren Besuchen immer etwas mit und kaufen ein, was in unserem Haushalt fehlt. Einmal war es Bratensauce. Für die Buletten. Und weil wir am Ende noch fünf Packungen übrig hatten, bin ich am gleichen Tag mit den Kindern zur Give Box an der Kirche. Das ist ein Regal zum Geben und Nehmen – alles ist drin: Bücher, Kleidung, Fahrradhelme, Spielsachen, Vorräte.

Dort sitzen immer Leute. Sie warten auf das, was kommt. Vielleicht können sie auch Bratensauce brauchen.

Ein Mann hat zu seiner Bekannten gesagt: »Willst du mal wieder was Gutes kochen?«

Sie: »Wie lange ist das denn noch haltbar? Letztens hatten wir hier Erbsensuppe von 2016!«

Und ich: »Wir haben es gerade erst bekommen.«

Und sie: »Super! Die nehme ich und koch was Schönes.«

Und weil sie sich im Regal ziemlich gut auskennen, haben sie uns auch noch was angeboten, von den alten Schätzen, die man da finden kann. Für das eine Kind eine Spielfigur, für das andere eine Spielzeugkasse, in der Schublade ist sogar noch Spielgeld. Und für mich eine Tontasse mit einer kleinen, schönen Macke.

BERÜHRUNGSÄNGSTE

Über radikale Freiheit

Während ich dieses Buch geschrieben habe, ist mir klar geworden, dass ich es nicht zu Ende schreiben kann, wenn ich nicht genauer verstehe, was Obdachlosigkeit in der Realität bedeutet. Spirituell kann ich ein Lied davon singen, Sie als Leser:in vermutlich auch. Zur realen Obdachlosigkeit habe ich zwar einiges gelesen und natürlich habe ich oft Menschen wahrgenommen, die obdachlos wirken, aber ob sie es wirklich waren, weiß ich nicht – und ob meine sonstigen Vermutungen über sie stimmen, sowieso nicht.

Deshalb habe ich die Wohnungslosenhilfe und die Bahnhofsmission in meiner Stadt kontaktiert. Und schon beim Kontaktaufnehmen habe ich gemerkt: Ich habe Berührungs-Angst – im wahrsten Sinne, denn ich habe Angst davor, von fremden Menschen berührt zu werden, immer schon.

Und im Kontext von Obdachlosigkeit haben viele Menschen zugleich eine Suchterkrankung ... Mein Vorurteil über konsumierende Menschen ist: Sie halten sich nicht fern, kommen immer zu nah. Bescheuert, ich weiß. Aber bevor ich so tue, als ob ich keine Vorurteile hätte, nenne ich sie hier besser beim Namen.

Und mit diesen Vorurteilen im Gepäck bin ich bei der Bahnhofsmission in Münster aufgeschlagen. Ich kenne die langjährige Leiterin Tine über die Caritas und kann mir kaum eine bessere Besetzung für diese Aufgabe vorstellen. Denn Tine fischt Menschen. Schon im ersten Augenblick, als ich mich von Rückenschmerzen geplagt an ihren Tisch im kleinen Hinterzimmer setze und sie mir Kaffee und Hafermilch einschenkt, schon da hat sie mich für sich eingenommen. Als ich ihr sage, weshalb ich da bin und warum ich so reserviert bin, winkt sie ab: »Ist doch okay, jede:r hat Vorurteile, auch wir hier in der Bahnhofsmission. Immer raus damit!«

Sie spricht schnell, liebevoll, mit ausgeprägtem Witz und gleichzeitig messerscharfer Klarheit über die Gäste – ja, genau, über die »Gäste«. Schon dieser Ausdruck zeigt, wie die Menschen hier behandelt werden: Zugewandt, herzlich.

Zugleich ist die Bahnhofsmission ein Ort sozialer Arbeit, und das macht sich bemerkbar, weil Gäste oft mehr brauchen als ein Brötchen und einen Kaffee. Manche brauchen nur schnell eine Maske, andere einen Haarschnitt, die nächsten eine Anlaufstelle für ein Problem. Gleichzeitig können die Gäste in der Bahnhofsmission nicht machen, was sie wollen. Wer mit dem Kopf auf dem Tisch einschläft, wird freundlich angesprochen. Wer ausrastet, bekommt – ein kurzfristiges – Hausverbot erteilt.

Die rund 80 Ehrenamtlichen ermöglichen dabei etwas, das mir ziemlich heilig erscheint: Sie schaffen einen Raum für die unterschiedlichsten Menschen. Viele von ihnen sind sehr arm, manche machen Platte, leben also auf der Straße. »80–85 Prozent der Gäste haben eine psychische Erkrankung und oder eine Suchterkrankung«, sagt Tine. Und: »Manche Menschen kommen jahrelang und erzählen nichts von sich, und dann kommt ein Praktikant, zu dem sie Vertrauen schöpfen, und plötzlich hat der Mensch einen Namen und eine Geschichte.«

»Was sind das für Leute, die Gäste?«, will ich wissen. »Einer kommt jeden Tag, gefühlt seit 100 Jahren. Ein anderer kommt mehrfach täglich. Manche kommen nur am Ende des Monats. Manche kommen nach langer Zeit wieder. Manche kommen gar nicht wieder.«

Sie haben die Gäste gern, berichtet Tine, bauen Beziehungen auf, und um manche machen sie sich Sorgen, denn die Sterblichkeitsrate ist hoch: Suchterkrankungen, psychische Krankheiten, körperliche Belastungen sind häufige Begleiter der Gäste, vor allem derer, die tatsächlich obdachlos sind. In der Bahnhofsmission wird der Verstorbenen mit einem Leuchtstern an der Decke gedacht. Das Gute ist: »Die Gäste kennen sich auch untereinander, und wissen, wie es den anderen geht – meistens.«

Beim Zuhören denke ich: Man braucht ganz schön viel Vertrauen und Gelassenheit in diesem Job.

Auch die Ehrenamtlichen, die sich hier einbringen, bringen manchmal schwere Lebensgeschichten und Krankheiten mit. »Hier ist jede:r willkommen«, sagt Tine, »solange er oder sie den Dienst gut tun kann.« Die Diversität unter den Engagierten zeigt sich auch in der Abkehr vom Klischee. War die Bahnhofsmission früher ein typisches Engagement für Hausfrauen, stehen jetzt Studierende, Schüler:innen, Ruheständler:innen und auch Vollberufstätige an der Theke. Viele sind ausgetreten oder haben mit der Kirche nichts zu tun, aber die Werte der Bahnhofsmission teilen sie. »Viele Ehrenamtliche sind sehr sinn- und wertebewusst. Nächstenliebe haben Christ:innen nicht für sich gepachtet. Und wer ein weites Herz und Menschenfreundlichkeit mitbringt, das Leitbild gelesen hat und da mitgeht, der kann hier seinen Dienst leisten«, stellt Tine fest.

»Was ist das Christliche daran?«, frage ich.

»Vielleicht ist es nur christlich, weil ich mich selbst da einordne?«, antwortet sie fragend.

Das Christliche an ihrem Handeln zeigt sich nicht nur im Gespräch ganz deutlich: »Hier bekommen Leute eine Chance, sich unglaublich weiterzuentwickeln. Manche Ehrenamtliche kommen so klein und gehen so groß«, berichtet Tine und gestikuliert zu den Worten klein und groß. Sie lernen auch, sich zu behaupten. Tine prägt eine freund-

liche Klarheit im Team:»Ihr dürft den Leuten sagen: Sei mal freundlicher, Freundlichkeit kostet null Euro!« Und sie lernen, mit den eigenen Vorurteilen umzugehen. »Einer hat mal zu Beginn gesagt: Mit
Obdachlosen und Junkies wollen wir hier nichts zu tun haben! Da
war was los im Team.« Ob sie ihn direkt rausgeschmissen hätten, frage
ich. »Nein. Der Mann ist geblieben, hat dazugelernt, sich verändert.«
Als ich zum Gespräch in die Bahnhofsmission hineingekommen
bin, haben da ziemlich unterschiedliche Leute gesessen. Obdachlose, Reisende, Abhängige, dachte ich. Tine verändert meinen Blick:
»Es gibt Obdachlose, die sehen aus wie du und ich; und die machen
seit Jahren Platte, an die 30 gehen ganz geregelter Arbeit nach, haben
aber keine eigene Wohnung.«

Ich bin schwer erstaunt. »Wie kommt das?«

Sie zuckt die Schultern: »Münster!« Was sie meint, sind die Woh-
nungspreise, der angespannte Wohnungsmarkt. Es gibt auch Menschen, die haben eine Arbeit, aber sie verlieren ihre Wohnung. Oder
sie erleben Schicksalsschläge: Die Frau stirbt, sie verlieren ihren Job,
können die Wohnung nicht weiter zahlen – »nach unten geht es ra-
send schnell«, weiß Tine.

Natürlich scannt man irgendwie die Leute. »Manche haben ja
ihren ganzen Kram dabei, das erkennst du. Aber oft kannst du Obdachlosigkeit auch nicht erkennen. Willi, 65, langer Bart, Alki – der
Klassiker. Das ist seltener geworden.«

Tine erlebt auch Menschen, die es herausschaffen; manche wollen dann noch grüßen, viele andere nicht. »Das spürt man. Und das
respektiere ich.«

Ich komme auf das Thema Vorurteile zurück. »Tine, was sagst du,
wenn jemand meint: ›In Deutschland muss man nicht obdachlos sein!‹?«

»Ich sage: Jeder Mensch hat das Recht auf Verwahrlosung. In
Deutschland hast du das Recht, auf der Straße zu verschimmeln.
Manche Menschen sind in einer eigenen Welt unterwegs, Wahnhafte

gehen doch nicht in Einrichtungen. Sie bleiben lieber draußen, wo sie sich sicherer fühlen.«

Was Tine deutlich macht, ist: Unter den Gästen, speziell auch unter den Obdachlosen, gibt es eine riesige Diversität. »Viele Menschen haben lange ein ganz normales Leben gelebt, sind zum Beispiel sehr intelligent oder ›waren mal wer‹ und sprechen dann mit uns von oben herab. Wir siezen und respektieren sie, und wollen auch respektiert werden. Wichtig ist: Diese Personen haben Würde, aber wir auch!«

Was man in der Bahnhofsmission noch lernen kann?

»Wir lernen zu akzeptieren, was andere für ihre Wahrheit halten. Ihr Narrativ ist für sie wichtig, um aufrecht zu bleiben.«

Und was ist mit der Scham, die sich in mir (und wahrscheinlich vielen anderen) ausbreitet, wenn mich jemand auf der Straße um Geld bittet?

»Na ja, es gibt die, die sagen: ›Ich will ihm kein Geld geben, aber ein Brötchen.‹ Das ist Bevormundung. Sobald ich das Geld aus der Hand gebe, habe ich nicht mehr darüber zu bestimmen, was die Person damit macht. Und Abhängigkeiten sind Erkrankungen. Viele wünschen sich einfach, sich mal wegzubeamen.«

Sie sagt das sehr klar. Aber sie sagt auch: »Manchmal wollen Schüler:innen wissen, wie das passieren kann. Wie man sich so gehen lassen kann. Dann antworte ich: Ich habe noch nie erlebt, dass jemand als Berufswunsch in seinen Lebenslauf geschrieben hat: Ich möchte mal obdachloser Junkie werden. Das macht keiner freiwillig.«

In die Bahnhofsmission kommen Menschen, denen man die Armut nicht ansieht. ALG-II-Empfänger:innen, Menschen, die berufsunfähig sind, Obdachlose, psychisch Kranke, Menschen mit Abhängigkeiten oder welche, die Altersarmut erleben.

Auch hier steckt ein Vorurteil in mir, das ich manchmal spüre, wenn ich auf der Straße angesprochen werde. Eine Stimme in mir sagt: »Der sieht aber (zu) ordentlich aus.«

Das kennt Tine auch von Schulklassen, die danach fragen, ob Leute das Angebot der Bahnhofsmission nicht ausnutzen, im Sinne von: »Der hat's doch gar nicht nötig. Das nutzen doch Leute aus!« Tine sagt zu mir: »Das ist tief verwurzelt, dieses Denken.« Zu Schüler:innen sagt sie: »Stell dir doch mal vor, du würdest zur Bahnhofsmission gehen, weil du Hunger hast: Du bekommst ein Käsebrot und einen Kaffee. Würdest du das einfach so machen?« Nein, das macht man nicht einfach so. Und deshalb ist die Neid- und Notwendigkeitsdebatte keine, an der sie sich lange aufhält. Natürlich steckt Idealismus in ihrem Ansatz, sonst könnte sie den Job nicht mit solcher Leidenschaft machen. »Sobald ich beginne, vom Schlechten auszugehen, muss ich hier aufhören!«

Und wenn Leute sich doch danebenbenehmen?

»Dann schmeißen wir sie auch schon mal raus und hören dann: ›Und ich dachte, ihr seid Christen.‹ Meine Antwort lautet: ›Und weil wir Christen sind: Da ist die Tür! Raus! Nur weil wir Christen sind, können Sie sich nicht benehmen, wie Sie wollen.‹«

»Jeder Mensch hat in Deutschland das Recht, auf der Straße zu verschimmeln.« Der Satz hängt mir nach, als ich einige Zeit später auch mit Thomas vom Haus der Wohnungslosenhilfe in Münster spreche. Und auch er verstärkt diese radikale Akzeptanz der Freiheit der Menschen: »Ein Bewohner wollte nicht ins Krankenhaus, obwohl es ihm sehr schlecht ging. Zu akzeptieren, dass wir ihn in der Folge in seinem Sterben begleiten werden, verlangt uns viel ab.«

Thomas macht mir aber noch etwas anderes deutlich: Es ist nicht nur die Freiheit der Menschen, die im Kontext von Wohnungslosigkeit radikal ernst genommen wird. Es ist auch die Diversität der Obdachlosen, die die Sozialarbeiter:innen gestalten müssen. Alle über einen Kamm zu scheren, ist keine Option.

Das beste Beispiel ist das Konzept »Housing first«, das vor allem in Skandinavien stark verfolgt wird. Es bedeutet, dass Menschen zuerst und vor allem eine Wohnung erhalten, ohne dass damit Bedingungen verbunden sind.

Ich habe von diesem Konzept gelesen und vermute darin die beste Antwort auf Wohnungslosigkeit. Thomas verneint das:»Manchen Menschen würde das helfen, zum Beispiel den Wohnungslosen, die einer festen Arbeit nachgehen. Aber andere, zum Beispiel Langzeit-Wohnungslose, könnten es in einer Wohnung kaum aushalten. Und wieder andere wären, wenn man sie einfach nur sich selbst überlässt, in der eigenen Wohnung hoffnungslos überfordert.«

Deshalb bekommen die Menschen passende Angebote, zum Beispiel ambulante Betreuung:»Da kommt jemand zwei bis vier Stunden in der Woche und hilft bei Behördensachen, beim Einkaufen. Und nach ein bis zwei Jahren braucht es manchmal keine Betreuung mehr.«

Das Haus der Wohnungslosenhilfe ist für die einen der sichere Ort, für die anderen nur eine Durchgangsstation – viele Obdachlose sind bleibend unterwegs.

Andere, etwa die, die arbeiten, finden mithilfe der Sozialarbeiter:innen wieder eine Wohnung. Aktuell läuft sogar ein Projekt mit dem Priesterseminar in Münster, wo vier ehemals Wohnungslose eine Bleibe gefunden haben. Für sie gibt es dort eigene vier Wände, ein Zimmer, in dem sie tun und lassen können, was sie wollen. Das Ziel ist: Nach einer betreuten Übergangszeit in eine eigene Wohnung ziehen zu können.

Aus den Gesprächen mit Tine und Thomas wird mir klar: Obdachlosigkeit hat viele Gesichter. Und das eigene Zuhause – das kann sehr unterschiedlich sein. Während die einen sich im Haus der Wohnungslosenhilfe zu Hause fühlen, fühlen sich andere nur beim Platte machen aufgehoben, und wieder andere hoffen auf den »Sechser im Lotto«: die eigene Wohnung, die in Städten wie Münster nur sehr schwer zu bekommen ist. Denn die Vorurteile gegenüber Wohnungslosen sind extrem groß. »Vermieter können sich ja aussuchen, wer einzieht«, stellt Thomas fest. Ein Mann habe kürzlich eine Wohnung bekommen, erzählt er. »Als wir es ihm gesagt haben, war das wie Weihnachten und Ostern zusammen. Aber er hatte auch Angst.« Genau in dieser Angst wird er nicht allein gelassen. Die Mitarbeitenden bieten Unterstützung an. Der Mann kann, muss sie aber nicht annehmen. Auch hier staune ich wieder: Die Menschen werden in ihrer Freiheit akzeptiert. »Du gehst viel stärker ins Vertrauen und Zulassen. Die Chance, dass es scheitert, ist natürlich auch extrem hoch – und damit musst du klarkommen«, resümiert Thomas in unserem Gespräch.

Aushalten, dass der andere frei ist.

Das ist wahrscheinlich die bedingungsloseste Form von Nächstenliebe, die ich mir vorstellen kann. Und während in der Bahnhofsmission und im Haus der Wohnungslosenhilfe wohl ziemlich selten explizit von *Gott* und *Glaube* die Rede ist, steckt hier so viel mehr authentische Menschenfreundlichkeit drin als in den meisten Aussagen der Institution Kirche. Genau diese Erfahrung, dass es kein christliches Sprechen braucht, um christlich zu handeln, und dass – um ehrlich zu sein – Christ:innen auch weiß Gott kein Monopol auf Solidarität haben, die hat mich bei den beiden Gesprächen besonders gefangen genommen.

Was das für das katholische Obdachlossein bedeutet? Es bedeutet, dass wir viel, viel größer von Gottes Wirkung denken dürfen. Viel unabhängiger von Institution, von Trägerschaft oder anderen formalen Kriterien. Gott ist im Wirken vieler Menschen präsent, ob über ihn auf kirchenamtlich korrekte Weise gesprochen wird – oder nicht.

Auf der Straße Klaus hat eine Wohnung, einen Rückzugsort, an dem er sein kann, wie er will. Wo niemand ihn beurteilt oder bei seinem Anblick entscheidet, ob er ihm einen Euro in den Kaffeebecher wirft oder wegguckt und vorbeigeht. In der eigenen Wohnung wird Klaus nicht bewertet, niemand stigmatisiert ihn als Schnorrer. Hier ist er kein Bettler, kein Bittsteller. Hier kann er die Füße hochlegen, in Ruhe eine Zigarette rauchen, ausruhen. Hier hat er einen Kühlschrank, in den er das Wenige legen kann, was er einkauft.

Er ist trotzdem viel unterwegs, setzt sich den Menschen und ihrer Ablehnung aus, friert im Winter vor dem Bahnhof. Er erlebt Kontakte wie den mit mir und mit anderen, die es noch schwerer haben als er. Wenn ich ihn am Bahnhof sehe, denke ich: Er ist mitten in der Welt, durch seine Offenheit, seine Güte und Freundlichkeit schwappt ein Stück vom Reich Gottes auf die Gleise …

UNTERWEGS SEIN

Über eine neue katholische Heimat

Manche Obdachlose sind pro Tag mehr als 20 Kilometer unterwegs, sie machen Strecke, ihre Gelenke und Füße sind entsprechend belastet, weil sie ihr ganzes Hab und Gut fast immer mit sich tragen. Unterwegs sein – das ist für sie das Normale.

»Die römisch-katholische Kirche benutzt den Begriff wanderndes Gottesvolk als Selbstbezeichnung.«

Als ich diesen Satz bei Wikipedia lese, frage ich mich: Ist die Antwort auf meine Fragen möglicherweise ganz einfach? Hat das Obdachlosigkeitsgefühl in mir einfach damit zu tun, dass ich zum wandernden Volk Gottes gehöre? Und wenn das Wandern zu meiner Kirche gehört, dann ist es vielleicht auch normal, dass diese Kirche den Menschen kein Zuhause bietet? Einfach, weil sie ja unterwegs sein sollen?

Ich gehe davon aus, dass es so unterkomplex nicht herzuleiten ist, warum die römisch-katholische Kirche so viele Menschen aus sich herausgetrieben hat, warum so viele Menschen wie ich zwar mit den Werten und der Frohen Botschaft innig verbunden sind, aber die Institution nicht mehr oder nur schwer ertragen können.

Beim Schreiben dieses Buches ist mir von Kapitel zu Kapitel klarer geworden: Dieses Buch – und ich möchte vermessen sagen, auch kein anderes Buch, sei es noch so klug – rettet die Kirche nicht. Denn sie muss nicht gerettet werden.

Die katholische Kirche in ihrer jetzigen Starrheit, mit ihrer Menschenverachtung ist kein gutes Zuhause mehr. Es ist kein Zuhause, in das ich freien Herzens Menschen einlade. Es ist ein Ort, der für mich Heimat ist, aber über den ich zu anderen sage: »Ich kann verstehen, dass du nicht mehr kommst« oder »Ich kann verstehen, dass du ausgetreten bist« und »Ich kann verstehen, dass du es befremdlich findest, dass ich noch dabei bin.«

Wenn ich mir vorstelle, dass Menschen zu mir sagen würden: »Zu euch nach Hause komme ich nicht mehr!« oder »Ich verstehe nicht, wie ihr in dieser Wohnung wohnen könnt!«, gäbe mir das sehr zu denken.

Und so ist es auch mit den vielen Menschen, die sich von der katholischen Kirche als Institution abgewendet haben: Sie geben mir zu denken: »Warum machst du das noch? Bist du in dieser Kirche wirklich richtig aufgehoben?«

Ich habe beim Schreiben dieses Buches mein Katholischsein ausgeleuchtet. Und ich habe es in Beziehung zu meiner Kirchenmitgliedschaft gesetzt. Die Institution kann ich nicht retten. Ich kann nicht skizzieren, wie sie wieder ein Zuhause wird, weil ich ihr nicht zutraue, das zu tun, was aus meiner Sicht nötig wäre.

Ich habe zugleich verstanden, wie unglaublich kraftvoll sich mein Glaube anfühlt. Wie sehr ich die Auferstehung als Hoffnung beziehungsweise Hoffnungszumutung zu schätzen weiß. Wie sehr ich mich in der katholischen Liturgie zu Hause fühle, in den Liedern des Gotteslobs, bei den Menschen, die ähnlich fühlen.

Ich habe aber auch ausgeleuchtet, warum es so wahnsinnig schwer geworden ist, in dieses Zuhause hineinzugehen und mich davon tragen zu lassen. Das Zurückziehen aus meinen geliebten religiösen Gewohnheiten war ein trauriges Weggehen.

Bei Instagram habe ich einen Satz der Poetry-Slammerin Julia Engelmann gelesen, den ich ungefähr so erinnere: »Im englischen *belon-*

ging (Zugehörigkeit) steckt auch *longing* (Sehnsucht).« Das beschreibt ganz gut, warum ich mit der Zugehörigkeit zur katholischen Kirche nicht einfach breche: In mir ist eine große Sehnsucht, und die stillt meine Religiosität auf transzendente Weise.

Katholischsein – das ist man nicht allein. Dieser Drang nach Gemeinschaft steigert sich allerdings bei manchen Kirchenmitgliedern zu oft in den Drang nach Einheit und Einheitlichkeit. Aber warum eigentlich?

Warum braucht das Katholische so viel Normierung? Warum hat es die Einheitlichkeit, den Standard so nötig, wenn doch das Gottes- und Menschenbild dahinter faszinierend weit und großherzig ist?

Ich glaube, ich bin auf einem Weg zu einem anderen Verständnis von katholischer Gemeinschaft. In dieser Gemeinschaft sind Menschen, die Worte dafür haben, wie schlecht es in der Heimat-Institution läuft und wie sehnsuchtsvoll ihr eigenes Leben ist. Sie üben Kritik an den Verhältnissen und feiern Gottesdienste, die sie mit Gott und sich selbst in Beziehung setzen.

Obdachlos katholisch – das ist die Gleichzeitigkeit von Verlorenheit und Sehnsucht, von ortloser Heimat, von Kritik und Glaube. Obdachlos katholisch, darunter verstehe ich mein Anprangern des institutionellen Versagens und gleichzeitig das überzeugte »Fürchte dich nicht!«, das ich aus meiner Christlichkeit ziehe.

Es ist der Refrain aus dem Lied »Ein Licht, in dir geborgen«:

So wie die Nacht flieht vor dem Morgen,
so zieht die Angst aus dem Sinn.
So wächst ein Licht in dir geborgen,
die Kraft zu neuem Beginn.

Ich habe so oft von Menschen gehört, warum sie in der institutionellen Kirche bleiben. Und langsam merke ich, dass ich von dieser Frage frei geworden bin. Mein Katholischsein hängt nicht allein an meiner Kirchenmitgliedschaft. Mich verbindet mit einem ausgetretenen gläubigen Menschen viel mehr als mit einem reaktionären Kirchenmitglied.

Ich bin eine mündige Katholikin. Es geht mir um das Wandern, das gemeinsame Unterwegssein, auf Zeit oder kontinuierlich. Das Verbindende ist die Taufe, nicht die unbeschränkte, kritiklose, ja devote Loyalität zur Institution.

Obdachlos-katholische Menschen hält im Inneren etwas zusammen, was meines Erachtens in anderen Worten, aber genauso radikal in der Bibel steht: Jeder Mensch hat Würde, weil er Gottes Ebenbild ist. Diese Würde ist anzuerkennen. Gott liebt uns, ohne Bedingungen. Er hat uns geschaffen, als Wesen mit freiem Willen. Diese Freiheit ist ein Geschenk, von dem ich mir wünsche, dass wir Menschen es menschenfreundlich, schöpfungsverantwortlich nutzen. Ich weiß, dass das nicht alle tun.

Aber Freiheit und Liebe funktionieren nur, wenn ich die Hoffnung habe, dass die Zukunft besser wird, dass Menschen neu anfangen können, jeden Tag. Dass jedem Menschen eine kleine Auferstehung gelingen kann, bei allen Brüchen, die das Leben bereithält.

Würde haben. Aktiv gewendet heißt das auch: Ich spreche allen Menschen Würde zu.

Würde schenken heißt nicht nur, die Leute so anzunehmen, wie sie sind, ihnen etwas zuzutrauen und den eigenen Raum anzuvertrauen. Sondern es heißt auch: Sich an ihren Bedürfnissen ausrichten.

Ich frage mich, ob das nicht sogar der Markenkern des Christlichen ist, oder zumindest einer der Kerne der Heilungsgeschichten Jesu. Es geht ihm doch um die Menschen, die zu ihm kommen oder denen er begegnet, und die durch dieses Zusammentreffen heil werden: Weil sie körperlich, geistig, seelisch etwas hinzugewinnen oder zurückbekommen, das ihnen fehlte. Indem sie einen Neuanfang wagen dürfen, weil ihnen verziehen wird, weil sie gesund werden und so weiter. Das alles sind Erzählungen von Würde, die Menschen (zurück-)gegeben wird.

Es geht in den Evangelien immer darum, dass Menschen heil werden. Dass Menschen mit ihrem Bedürfnis nach Heilsein, nach Geborgenheit und Angenommenwerden willkommen sind – und zwar direkt bei Jesus, bei Gottes Sohn.

Ich bin nicht verantwortlich dafür, dass diese Kirche als Institution überlebt. Ich bin verantwortlich dafür, das christliche Werte erlebbar sind, wenn ich da bin – dass das katholische Menschenbild, die Anthropologie der Freiheit, die Würde jedes Menschen, Barmherzigkeit und Gerechtigkeit in Balance, der Respekt vor der Schöpfung, Dankbarkeit über das, was lebt –, dass all diese Werte spürbar werden.

Ich bin verantwortlich für mein Katholischsein. Also dafür, dass Menschen erkennen können, was ich von meinem Glauben verstanden habe.

Ich muss mich dafür nicht dem langsamen Reformtempo meiner Kirche anpassen.

Dieses Buch rettet nicht die Kirche. Aber ich rette mit diesem Buch mein Katholischsein. Weil ich es jetzt noch freier ausrichten werde. Weil das Katholische ein fantastischer Glaube ist, wenn ich die Freiheit des Menschen und die Liebe ganz radikal lebe. Weil ich nicht allein unterwegs bin, sondern mit einer Vielzahl von anderen obdachlos Gläubigen. Weil es in diesem Katholischsein nicht nur die notwendige Kritik an der Institution gibt, sondern auch die tiefe Sehnsucht nach Geborgenheit, nach Angenommensein, nach Halt in der Gemeinschaft. Und diese Sehnsucht werde ich zukünftig mit mehr Menschen teilen – ich werde Verbündete um ein gemeinsames Gebet bitten, vielleicht um einen gemeinsamen Wortgottesdienst oder ein Lied.

Das Zuhause, zu dem ich auf dem Weg bin, muss für mich nicht aus Stein sein, es ist nicht auf Hierarchiestrukturen angewiesen, sondern auf Menschlichkeit. Es ist sehr abstrakt und gleichzeitig sehr konkret: Es orientiert sich an der radikalen Liebe Jesu zu den Menschen, am Heilwerden anstatt am Normieren und Reglementieren. Es ist ein Zuhause, in dem Menschen sich geliebt und angenommen fühlen, vor aller Leistung und trotz aller Schuld.

Der Weg dorthin ist mit Hoffnung erfüllt. Ich nehme mir jeden Tag neu vor, die Ressourcen aus meinem Katholischsein für andere und für mich spürbar zu machen. Und ich vertraue darauf, dass ich dorthin nicht allein unterwegs bin.

DANKE

Seit ich schreiben kann, wollte ich Schriftstellerin werden. Und obwohl ich viel geschrieben habe in meinem Leben, würde ich mich nie als Schriftstellerin bezeichnen. Denn das echte Dasein einer Schriftstellerin ist für mich mit Büchern verbunden. In meiner Vorstellung ist eine Schriftstellerin immer eine Person gewesen, die ganze Bücher schreibt. Und zwar Romane. Dass mein erstes, ganz eigenes Buch nun ein Sachbuch geworden ist, konnte mein früheres Ich noch nicht wissen, denn damals kannte ich mich mit Genres noch nicht so gut aus. Zugleich bedeutet Sachbuch in meinem Fall ein überzeugtes »bei der Sache sein«, ohne dabei sachlich im Sinne von distanziert, analytisch zu sein. Es ist ein sehr persönliches Sachbuch geworden. Bei dem Thema erscheint mir etwas anderes auch kaum möglich.

Schreiben war für mich immer ein zentraler Ausdruck und sehr häufig auch eine Bewältigungsstrategie im Leben – für den Umgang mit meinen überquellenden Ideen, für das Verbalisieren von Wut, Ohnmacht, Traurigkeit auf der einen Seite und für Liebe, Hingabe und Überzeugung auf der anderen Seite.

Thomas Mann hat mal gesagt: »Kann man schreiben, ohne gelesen zu haben? Steht nicht einer auf den Schultern des anderen?«

Zum Lesen habe ich in den letzten Jahren sehr wenig Zeit gehabt. Bei mir galt und gilt eher: »Kann ich schreiben, ohne Support zu haben? Ermöglichen nicht andere den Freiraum, den ich brauche?« Und deshalb ist jetzt die Zeit, die ich lang herbeigesehnt habe. Das Buch ist geschrieben, und ich darf die Namen von Menschen nennen, denen ich dankbar bin.

Zuallererst bin ich unserem familiären Supportsystem dankbar: Unseren Babysitterinnen Carola und Svenja, die liebevoll und konsequent unsere Kinder betreuen, während mein Mann und ich anderen Leidenschaften nachgehen können.

Meinen Mann als Teil dieses Supportsystems zu bezeichnen, wäre untertrieben – vielmehr eint uns eine Sehnsucht nach Wachstum und Entfaltung. Das bedeutet, einander freizulassen, und einander den Rücken freizuhalten. Dafür danke ich dir, Flori.

Und obwohl die beiden es jetzt vielleicht noch nicht reflektieren können, warum ich in den letzten Monaten so oft »arbeiten« war, danke ich den kleinen Energieriesen, die uns geschenkt sind, für ihr unermüdliches Interesse an Bewegung, Nähe und Auseinandersetzung. Ihr erdet und hinterfragt mich auf erstaunliche, berührende Weise. Mir trotzdem Zeit für mich und meine Verwirklichung zu nehmen, hat mich Überwindung gekostet und es hat mich zugleich wahnsinnig erfüllt.

Dann danke ich den Ermutigern und Ermutigerinnen, die lesen wollten, was ich schreibe. Besonders danke ich Judith Lurweg, Klaus Nelißen und vor allem Sabine Rempe, ihr habt mich in meinem Leben auf sehr unterschiedliche Weise darin bestärkt, ich selbst zu sein und auch so zu schreiben.

Ich danke meiner fantastischen Lektorin Luise Ritter vom Kösel Verlag, die so wahnsinnig gut darin ist, Menschen differenziert und klug zu bestärken und zu coachen – und die an meinen Text und unser Projekt geglaubt hat, bevor ich es getan habe.

Und zuletzt danke ich dem, der mir all seine Bücher gewidmet hat, seit es mich gibt, und von dem ich gelernt habe, dass man jedes Buch zusätzlich mit einer persönlichen handschriftlichen Widmung versehen sollte. Mein Vater Johannes Laudage hat mir das Erzählen vorgelebt, er war ein begnadeter Erzähler. Ich bin absolut überzeugt, dass er mit Tränen in den Augen gerade vor Stolz platzt. Und dabei sitzt er mit seiner Pfeife im Mundwinkel, einem Glas Rotwein in der Hand und einem Stapel Bücher neben sich an seinem Platz im Himmel und schaut auf mich hinab.

Anklage, Selbstanklage und
Bekenntnis einer Sehnsucht

»Ein aufrüttelnder und sehr nachdenklich
machender Essay!«
Mittelbayerische Sonntagszeitung

KÖSEL
www.koesel.de

Der Tod bringt uns das Leben nah

»Johanna Klug will das Thema Sterben aus der Tabu-Ecke holen.«
Frankfurter Allgemeine Zeitung